AF450330

DE LA PROPRIÉTÉ

DES

CHEMINS RURAUX

Par A. BOURGUIGNAT

CONSEILLER A LA COUR D'APPEL D'AMIENS,

Ancien Avocat au Conseil d'État et à la Cour de Cassation.

2ᵐᵉ Édition

Revue, augmentée et mise au courant de la doctrine et de la Jurisprudence.

PRIX : 2 Fr.

PARIS

IMPRIMERIE & LIBRAIRIE GÉNÉRALE DE JURISPRUDENCE

MAISON COSSE

MARCHAL, BILLAID ET Cⁱᵉ, IMPRIMEURS-ÉDITEURS

LIBRAIRES DE LA COUR DE CASSATION

SUCCESSEURS

Place Dauphine, 27

—

1875

DE LA PROPRIÉTÉ

DES

CHEMINS RURAUX.

1. De la difficulté de reconnaître, parmi les chemins ruraux, ceux qui sont affectés d'un caractère public et qui, à ce titre, appartiennent aux communes de la situation.

2. Des chemins ruraux qui, d'après l'instruction ministérielle du 16 novembre 1839, ont été ou doivent être classés comme publics.

3. Les classements opérés dans les termes de cette instruction ont été et sont encore, entre les propriétaires riverains des chemins ruraux et les communes de la situation, la cause de nombreux procès sur la propriété de ces chemins.

4. La question de savoir quelle preuve doit fournir le propriétaire riverain qui revendique contre une commune la propriété d'un chemin rural, dépend de trois points à examiner ; quels sont ces points.

1. Parmi les voies de communication traversant nos campagnes, il en est un certain nombre dont le caractère public est manifeste : ce sont les routes nationales et départementales qu'un acte du gouvernement a créées et qui sont entretenues aux frais de l'Etat ou des départements ; ce sont les chemins vicinaux qui, ayant été classés en cette qualité par arrêtés du Préfet, doivent être maintenus et réparés par les communes de la situation (1).

Le nombre des voies rangées dans ces catégories est donc restreint, puisqu'il est proportionné aux ressources annuelles que l'Etat, les départements, les communes peuvent consacrer à des travaux d'ouverture et d'entretien ; il est loin de renfermer toutes les voies qui, étant affectées à l'usage du public, échappent par cela seul à l'appropriation privée. C'est là, au surplus, ce que le législateur lui-même donne à comprendre. Prévoyant les cas où les ressources d'une commune viendraient

____

(1) Cod. civ. 538 ; L. 21 mai 1836, art. 1 et 10.

à s'accroître, il a laissé, pour le classement des chemins vicinaux, la porte incessamment ouverte : les Préfets ont reçu de lui toutes facilités pour ranger, parmi ces chemins, les voies dont la publicité serait constante (1).

Mais, alors, à quels signes reconnaître les voies publiques dont aucun acte du pouvoir législatif ou du pouvoir réglementaire n'aurait rendu le caractère évident ? Comment, parmi les chemins simplement ruraux, distinguer ceux qui sont soustraits à l'appropriation privée, de ceux qui forment des propriétés particulières ?

La multiplicité des décisions que, dans ces derniers temps, les cours et les tribunaux ont été appelés à rendre sur la propriété des chemins ruraux, est un indice de l'intérêt pratique que cette question présente. Il y aurait donc tout à la fois, ce semble, utilité et à propos de rechercher les principes qui régissent cette question de propriété et les applications usuelles dont ils sont susceptibles.

2. Le 16 novembre 1839, à la suite d'un avis du Conseil d'Etat, en date du 12 avril précédent, le Ministre de l'intérieur a adressé aux Préfets une instruction dont le but était de faire dresser dans chaque commune un tableau intitulé : *Etat général de tous les chemins ruraux de la commune de......*

Cette instruction mentionne, parmi les voies de communication à comprendre en cet état, celles qui « donnent accès à une fontaine publique, à un abreuvoir, à un pâturage communal, » et celles qui sont « nécessaires à l'exploitation des différents cantons de terres arables, » attribuant ainsi les mêmes effets à la circulation véritablement publique à laquelle les premières sont affectées, et à la circulation simplement commune entre propriétaires riverains, dont les secondes sont l'objet. Elle indique, en outre, les formalités devant présider à la reconnaissance et au classement de ces voies, et consistant d'abord dans une délibération du conseil municipal sur l'utilité que la commune doit retirer du maintien de ces chemins, puis dans un arrêté préfectoral qui, apposé au bas de l'état ci-dessus, porte que « les chemins nᵒˢ tels sont déclarés chemins publics ruraux de la commune de..... »

(1 L. 21 mai 1836, art. 15.

3. L'administration s'est donc placée à un point de vue fort général pour opérer le classement de ces chemins.

La mesure ainsi comprise a-t-elle été avantageuse aux communes ?

Tout le monde sait qu'elle a été, qu'elle est encore, entre celles-ci et les propriétaires des fonds riverains, la cause de procès continuels. Les inconvénients, sans doute, ne s'en découvrent pas immédiatement ; ils n'apparaissent point, par exemple, tant que c'est par des fonds distincts que la voie classée est bordée ou traversée. Cette voie étant alors nécessaire à l'exploitation de ces fonds, il importe peu à ceux qui les possèdent qu'elle subsiste à titre de voie commune entre eux, ou à titre de voie publique : pour chacun de ces propriétaires, le résultat est le même. Mais les choses changent d'aspect si ces fonds, originairement séparés, viennent, par suite d'achats ou autrement, à être réunis en la même main. Le sentier, naguère indispensable, a désormais perdu, aux yeux de l'unique propriétaire, toute sa raison d'être. Ce propriétaire entend être seul maître chez lui et ne veut plus souffrir que des passants plus ou moins nombreux traversent son héritage. Il en est encore de même, d'ailleurs, si les maîtres des pièces de terre que le chemin borde ou traverse, font un accord entre eux et se closent pour soustraire leurs propriétés à la vaine pâture.

4. Les contestations dirigées par les riverains d'un chemin rural classé en tant que public, contre l'appropriation de ce chemin par la commune de la situation, débutent presque toujours par une voie de fait de ceux-là ; ils établissent une barrière, un fossé sur la portion du chemin qui borde ou traverse leurs fonds. A cet acte qui forme obstacle au passage de ses habitants, la commune répond d'ordinaire en faisant dresser contre l'auteur de l'entreprise un procès-verbal pour contravention à l'art. 479, 11°, C. pén. Poursuite devant le tribunal de simple police, exception de propriété soulevée par le prévenu, sentence du tribunal qui surseoit au fond et impartit un délai dans lequel la question préjudicielle sera portée devant le juge civil : telle est la marche constamment suivie en pareil cas, et désormais le litige se trouve engagé.

A qui, dès-lors, de la commune ou du riverain incombe la charge d'en saisir le juge compétent ? C'est évidemment sur le riverain que cette charge pèsera. Ainsi le veut le principe général dont l'art. 182 Cod. forest. n'est que l'application à une matière particulière : *reus excipiendo fit actor*. La jurisprudence de la chambre criminelle de la cour de cassation se prononce justement en ce sens (1). Investi forcément de la qualité de demandeur, le propriétaire riverain supporte donc par cela même tout le fardeau de la preuve.

Or, cette preuve, en quoi doit-elle consister ? Evidemment, cela dépendra de trois points : en premier lieu, du point de savoir s'il existe, soit au profit de la commune, soit au profit du riverain, une présomption de propriété sur le sol du chemin litigieux ; en second lieu, des éléments acquisitifs de possession que la partie destituée du bénéfice de la présomption serait du moins fondée à invoquer ; en troisième lieu, de la voie possessoire ou pétitoire dans laquelle le riverain s'engagera pour faire valoir ses prétentions, — car, il a toujours la liberté du choix, et il peut d'abord se pourvoir par la voie de la complainte, alors même que, devant le tribunal de simple police, il avait soulevé l'exception de propriété (2).

Examinons successivement ces trois points.

§ 1er.

S'il existe, soit au profit de la commune, soit au profit des riverains, une présomption de propriété sur les chemins ruraux ?

5. Cette question a donné lieu à trois opinions.

6. De la première opinion suivant laquelle tout chemin rural est présumé appartenir à la commune de la situation ; réfutation.

7. Suite ; cette présomption n'a pas de base dans l'arrêté préfectoral de classement.

8. Suite ; elle n'a point de fondement dans la loi romaine, ni dans le droit féodal.

9. Suite ; théorie de la loi romaine en matière de chemins.

10. Suite ; à ce point de vue, le droit féodal ne s'éloigne pas sensiblement de la loi romaine.

11. Suite ; la présomption prétendue au profit des communes n'est pas reconnue par la jurisprudence.

12. De la deuxième opinion suivant laquelle tout chemin est présumé, en

(1) 17 nov. et 21 déc. 1860. (*Bull. crim.* n°s 244 et 297) ; 11 avr. 1861 (*Bull.* n° 77).

(2) Cass. crim. 22 mai 1863 (*Bull.* n° 150) ; 13 janv. 1864. (*Bull.* n° 24).

vertu de l'art. 546 du code civil, appartenir aux propriétaires des héritages qu'il borde et à l'exploitation des quels il sert ; démonstration.

13. Suite ; preuve tirée de l'origine des chemins et sentiers d'exploitation ;

14. .... de l'origine des chemins de servitude et des passages de tolérence ;

15. .... de l'origine même des chemins publics.

16. Suite ; la présomption favorable aux propriétaires riverains est reconnue et consacrée par la jurisprudence la plus récente.

17. Il s'agit toutefois d'une présomption simple qui cède devant des présomptions et preuves contraires.

18. Quand elle n'est pas annihilée par les présomptions et preuves contraires, elle suffit pour établir le droit du propriétaire riverain.

19. De la troisième opinion qui repousse toute présomption en faveur soit de la commune, soit des riverains ; elle fait, sans motifs, abstraction de l'art. 546 du code civil, et invoque à tort la jurisprudence.

20. Résumé et transition.

5. On a, en effet, soutenu, ceux-ci, que le sol des chemins ruraux est, jusqu'à preuve contraire, présumé être la propriété de la commune, ceux-là, qu'il est, en principe, la propriété des riverains. D'autres, enfin, soutiennent qu'il n'existe de présomption pas plus au profit des riverains que de la commune et que la question de propriété dépend uniquement ici des preuves ordinaires de droit commun. Où est la vérité ?

6. Mettons-nous d'abord au point de vue de la commune.

Que celle-ci soit réputée propriétaire de tout chemin rural réellement affecté à l'usage du public, que cette affectation ait pour effet direct l'appropriation communale de la voie qui en est l'objet : ce n'est pas douteux. Là, toutefois, n'est pas la question. Elle consiste à savoir si un chemin rural est, de droit, frappé de cette affectation ; en un mot, si cette affectation est présumée ?

Cette dernière présomption, l'on a voulu quelquefois la faire dériver soit de la déclaration d'utilité publique contenue en l'arrêté du préfet, qui classe un chemin en tant que public rural ; soit, comme l'ont soutenu MM. Flandin (1) et de Raze (2), de certains textes de la loi romaine ou de prétendues maximes empruntées à des feudistes, et d'après lesquels, selon M. Flandin, notamment, « tout chemin de sa nature serait réputé public, s'il n'y a preuve du contraire (3). » Mais, il est facile de

(1) *Revue critique*, t. 20, p. 302.
(2) *Id.* t. 23, p. 143, et t. 24, p. 24.
(3) *Loc. cit.* p. 307.

le démontrer, une présomption de cette sorte ne trouve de base ni dans l'arrêté préfectoral de classement, ni dans les autorités indiquées par MM. Flandin et de Raze.

7. D'une part, en effet, il ne faut point confondre avec le classement des chemins vicinaux, pour lequel les préfets ont reçu de la loi du 21 mai 1836 des pouvoirs exprès, celui des chemins ruraux qui est simplement prescrit, en définitive, par la circulaire du 16 novembre 1839. C'est pour les premiers seulement que les préfets tiennent de la loi le droit d'en reconnaitre le caractère public et d'en attribuer la propriété aux communes de la situation. Quant aux seconds, le classement est une simple mesure d'ordre administratif qui, dès-lors, en principe et considéré à part, « laisse entières, dit un arrêt de la chambre civile du 13 décembre 1864 (1), les questions de propriété et de possession qui intéressent les riverains. » Il existe, au surplus, en ce qui touche ce détail et dans le sens ci-dessus, une jurisprudence constante (2). La censure de la cour suprême atteindrait donc certainement toute décision qui, pour attribuer à la commune un droit de propriété ou de possession sur une voie, se fondrait *uniquement* sur le classement qu'un arrêté préfectoral aurait fait de cette voie en qualité de chemin rural et sur la prétendue déclaration d'utilité publique qui résulterait de cet arrêté (3).

8. D'autre part, les textes que MM. Flandin et de Raze invoquent à l'appui de leur opinion, sont, pour le droit romain, les lois, au Digeste, 2, *ne quid in loco*, et 3, *de locis et itineribus publicis*; et, pour le droit féodal, certains passages de feudistes que le premier, notamment, cite d'après Merlin, au *Répertoire*, v° *chemin public*, n° 1. Mais c'est, à notre avis, sans motif suffisant que MM. Flandin et de Raze en tirent la conséquence que la loi romaine et la pratique féodale réputaient pu-

----

(1) *Recueil des arrêts de* Sirey, ou S. 1865, 1. 19.

(2) V. Sirey, *Tabl. génér.* Devill. et Gilb., v° *Chemin rural* n° 3 et *Tabl. décen.* 1851-1860, *eod. verb.* n° 5 et suiv.; *Répert. génér. du Palais et Suppl.*, v° *Chemins ruraux*, n° 10 et suiv.; Dalloz, *Répert. alphab.* v° *Voirie par terre*, n° 1317; *Adde*, Paris, 11 mars 1861 (S. 1861. 2. 49); Cass. 16 nov. 1861 (S. 1863. 1. 553); Cons. d'Etat 2 sept. 1862 (S. 1862. 2. 469); Cass. 14 févr. 1864 (Pal. 1864. 181); 13 déc. 1864 et 24 janv. 1865 (S. 1863 1. 19 et 125); 21 nov. 1871 et 20 juin 1872 (S. 1872. 1. 20 et 132).

(3) Cass. 13 déc. 1864, précité.

blic tout chemin, par cela seul qu'il existait : présomption,
ajoutent ces auteurs, qui, après avoir profité aux anciens seigneurs, militerait aujourd'hui, depuis l'abolition de la féoda-
lité, en faveur des communes de la situation. C'est, bien au
contraire, de circonstances de fait que ces textes déterminaient
et qui, dès lors, devaient nécessairement être établies au préalable, qu'ils faisaient dépendre la publicité d'une voie de communication.

9. Ainsi, d'après la loi romaine, il existait trois ordres de
chemins. Il y avait d'abord la voie royale, consulaire, préto-
rienne ou militaire, ouverte par l'autorité publique dans un
but d'intérêt général : *ab eo qui jus publicandi habuit, ut eâ
publicè iretur, commearetur* (1). Ce but, c'était une ville, un
port ou une autre voie du même genre : *viæ militares exitum
ad mare, aut in urbes, aut in flumina publica, aut ad aliam
viam militarem habent* (2). D'une telle voie, qui équivalait à
la grande route de nos jours, le sol, à coup sûr, était public ;
c'était la conséquence de l'origine et de la destination même
du chemin. Il y avait, en outre, les voies vicinales, *viæ vicinales*, ainsi nommées de ce qu'elles conduisaient vers ou dans
les villages : *quæ in vicis vel quæ ad vicos ducunt ;* puis les
voies agraires, *viæ agrariæ*, existant dans les champs ou se
dirigeant vers eux : *hæ quæ sunt in agris, vel hæ quæ ad agros
ducunt.* (3) Celles-là n'étaient pas constamment publiques ;
celles-ci n'étaient pas toujours privées. Les voies vicinales pré-
sentaient le premier caractère toutes les fois que le public en
faisait usage depuis si longtemps qu'il n'était plus possible de
savoir l'époque à laquelle le sol en avait été emprunté aux
champs riverains : *quæ ex agris privatorum collatis factæ
sunt, quarum memoria non extat* (4). Et alors la réfection et
l'entretien en étaient mis à la charge de la communauté, c'est-
à-dire du *pagus*, dans la circonscription territoriale duquel
elles étaient situées (5). Mais si la voie vicinale n'avait pas

(1) L. 2, § 21 et 22, D. *ne quid in loc.*
(2) L. 3, § 1, D. *de loc. et itiner. publ.*
(3) L. 2, § 23, D. *ne quid in loc.*
(4) L. 3, § 1, D. *de loc et itin.* — Comp. L. 2 § 22, D. *ne quid in loc.*
(5) Siculus Flaccus, *de agrorum conditionibus et constitutionibus limitum :*
édit. de 1554, p. 11.

une existence immémoriale, si, surtout les réparations en étaient effectuées par les riverains, la voie, malgré sa destination, était réputée privée : *aliter, atque si ex collatione privatorum reficiatur ; nam, si ex collatione privatorum reficiatur, non utique privata est* (1). Quant aux voies agraires, le caractère en était généralement privé ; il n'y avait d'exception que pour celles qui faisaient communiquer des groupes de population agricole avec la grande route : *has, quæ post consularem excipiunt in villas, vel in alias colonias ducentes, putem ipsas publicas esse* (2). — Telle était, relativement aux voies de communication, l'économie de la loi romaine (3).

10. En réalité, le droit féodal ne s'en éloigne pas sensiblement, et, de fait, c'est sur les textes mêmes du Digeste, reproduits ci-dessus, que la plupart de nos anciens jurisconsultes fondent, relativement aux chemins, leur théorie juridique (4). Eux aussi, et notamment Charondas et Domat, ont bien soin de distinguer les chemins privés des chemins publics ; et, si l'on veut y porter quelque attention, l'on s'apercevra qu'ils ne placent parmi ceux-ci que « le chemin royal » et « la traverse. » Le premier, dit Bouteillier, « si est le grand chemin qui va d'un pays en un autre et d'une bonne ville à un autre. » « La seconde, dit Loyseau, c'est celle qui traverse de village à village. » Or, d'après cet auteur, d'après Bérault et Bouchel, et le témoignage même du *Répertoire* de Merlin, qui traite de la traverse sous les mots : « Chemin public, seigneurial ou vicinal, » cette voie n'était ni plus ni moins que la *via vicinalis* du droit romain. Pour Domat, ce qui distingue les chemins publics des chemins privés, c'est que ceux-là « sont à l'usage du public pour aller de tout lieu à tout autre, » tandis que ceux-ci sont seulement « propres à quelques personnes pour l'usage de leurs

(1) L. 2, § 22, D. *ne quid in loc.*

(2) *Id.*, § 23.

(3) Comp. Siculus Flaccus, *loc. cit.*, et M. Gaudry, *Traité du Domaine*, t. 1er, p. 507.

(4) V. Charondas, sur Bouteillier, *Somme rural* (et non *rurale*), édit. de 1611, p. 498 ; Loyseau, *des Seigneuries*, chap. 8, nos 61 et suiv., et *de l'abus des Justices de Village*, p. 43 ; Laurent Bouchel, *Coutumes du Valois*, édit. de 1631, p. 490 ; Josias Bérault, *la Coutume réformée de Normandie*, édit. de 1622, p. 786 ; Ragueau et Eus. de Laurière, *Glossaire du Droit françois*, vo *Chemin royal* ; Domat, *Droit public*, liv. 1er, tit. 8, sect. 2, §. 14 ; etc.; etc.

héritages. » Les principes, on le voit, sont les mêmes. Le seul côté par lequel, en cette matière, le droit féodal diffère du droit romain, c'est que le moins ancien fondait sur le caractère public ou privé d'un chemin bien moins des questions de propriété que des questions de juridictions et de prérogatives. Loyseau, puis Bouchel qui le copie presque textuellement, ont bien soin de faire observer que les péages perçus et la justice exercée par les hauts-justiciers sur les chemins publics ne dérivent en rien d'un prétendu droit de propriété que le roi ou eux auraient eu sur les voies de cette sorte. « La distinction des chemins royaux et des traverses, dit le premier, bien que convenable, lorsqu'il est question d'arbitrer leur largeur ou encore possible de contribuer à leur réparation, n'est toutefois considérable en la question si la justice d'iceux appartient aux juges royaux ou des seigneurs ; car les chemins, pour être dits royaux, ne sont pas plus au roy que les traverses ou autres chemins publics. Il est certain que la vraie propriété des chemins n'appartient pas aux rois. Car on ne peut dire qu'ils soient de leurs domaines ; ainsi, ils sont de la catégorie des choses qui sont hors de commerce, dont, partant, la propriété n'appartient à aucun, mais l'usage est à un chacun : qui pour cette cause sont appelées publiques ; et, par conséquent, la garde d'icelles appartient au prince souverain, non comme icelles étans de son domaine, mais comme lui étant gardien et conservateur de bien public. Je dy notamment la garde principale, c'est-à-dire la superintendance ; car, en France, ce qui concerne l'intérêt public est commis en première instance aux seigneurs hauts-justiciers qui ont le premier degré de seigneurie publique, notamment, la police et la punition des crimes (1). »

A la vérité, de Fréminville et Henriquez, desquels M. Flandin invoque surtout l'autorité citée par Merlin, se montrent de plus facile composition en ce qui touche la base à donner aux droits exercés par les hauts-justiciers sur les chemins. Mais on sait que c'est chez eux, et en toute matière, une tendance constante, et qu'ils manifestent quelque faiblesse pour les prétentions des possesseurs de fiefs. On remarquera, au surplus, que si tous deux attribuent aux seigneurs la propriété de cer-

(1) *Traité des Seigneuries*, *ubi suprà* ; comp. Charondas sur Bouteillier, *loc. cit.*

tains chemins, c'est qu'ils en supposent le sol démembré du
domaine seigneurial, « pour les chemins de communication
des villes aux autres villes, bourgs, villages et paroisses, »
comme le dit l'auteur de la *Pratique des terriers* (1), pour
« l'usage, le commerce, les besoins et l'utilité des habitants, » comme s'exprime l'auteur du *Code des Seigneurs
hauts-justiciers* (2). Ainsi, même pour de Fréminville et Henriquez, l'affectation publique des chemins est la condition indispensable de l'exercice sur ces chemins des droits seigneuriaux,
et, cette affectation, eux aussi la font dériver de circonstances
de fait, telles que l'origine et la destination des voies dont
s'agit. Or, pas plus à leur époque qu'aujourd'hui, des circonstances de cette sorte n'étaient manifestes et ne sautaient aux
yeux. Loin même que, sous l'empire du droit féodal, elles fus-
sent réputées l'objet d'une présomption, le contraire résulterait
bien plutôt d'un arrêt rendu par le Parlement de Paris, et que
Nupied rapporte au *Journal des Audiences* (3). Les habitants
d'une paroisse prétendaient qu'un chemin conduisant de leur
village à l'église, était public, et devait, à ce titre, être entiè-
rement réparé par leur seigneur, en compensation des droits de
justice qu'il y exerçait. Pour celui-ci, on soutint, au contraire,
dit l'arrêtiste, « qu'il n'y avait pas *preuve* qu'il y eût un chemin public. » En conséquence, on plaida que le seigneur
n'était tenu d'entretenir la voie litigieuse non plus que tout
autre habitant de la paroisse, si ce n'était pour sa part et portion. Cette défense fut accueillie par arrêt du 21 mai 1686.

11. A toute époque donc, sous l'empire du droit ancien comme
sous le régime du droit nouveau, les conditions de fait desquels dépend la publicité d'un chemin, ont dû d'abord être établies et constatées, et, dès lors, de l'un non plus de l'autre, on
ne saurait induire en faveur des communes la preuve d'une propriété de plein droit sur les chemins ruraux de leur territoire.

C'est en ce sens, selon nous, que doit être entendu le premier motif d'un arrêt rendu par la Cour suprême, le 27 avril
1864 (4). Il en résulte implicitement qu'aucune présomption

(1) T. 4, ch. 3.
(2) Edit. de 1761, p 361.
(3) T. 5, p. 100.
(4) S. 1864. 1. 212.

légale n'attribuant la propriété des chemins ruraux aux communes de la situation, cette propriété doit être prouvée en leur faveur.

12. Et maintenant, la présomption dont les propriétaires riverains de ces chemins entendent, de leur côté, se prévaloir, est-elle aussi sans fondement ? Nous ne le pensons pas.

A ce point de vue, il est deux circonstances importantes à considérer, et qui, à la différence de celles dont il est question plus haut, se manifestent d'elles-mêmes et sont d'abord pleinement évidentes. En général, les chemins ruraux servent avant tout à l'exploitation et au défruitement des fonds qu'ils bordent ou traversent ; sans eux, il ne serait pas possible d'en tirer parti : c'est là un point tout semblable à celui qui détermine l'attribution, à titre de propriété, des canaux alimentaires des usines aux maîtres de ces établissements (1). De plus, ces mêmes chemins s'unissent naturellement aux héritages riverains. Sous ce double rapport, l'on est fondé à dire que, sauf la preuve contraire, ils sont les accessoires de ces héritages dans les termes de l'art. 546, Code civil, et que, dès lors, ils font partie des pièces de terre qu'ils bordent ou traversent, comme voies ou sentiers d'exploitation, chemins de servitude ou passages de tolérance.

13. En effet, la *voie* ou le *sentier d'exploitation*, qu'on nomme aussi, suivant les localités, *chemin de desserte, de déblave, de service, de contrée, etc.*, ou, dans l'ancienne Picardie : *chemin de tour de haie*, dans l'ancienne Normandie : *sente pour le voisiné* (2), dans l'ancienne Provence : *chemin voisinal* ou *de quartier*, etc ; cette voie, disons-nous, doit nécessairement son origine à l'une des deux causes suivantes. Elle est l'effet d'un accord tacite entre tous les propriétaires dont elle traverse ou borde l'héritage, lesquels sont présumés avoir fait, chacun en droit soi et au profit de ses co-intéressés, l'abandon d'une faible portion de sa propriété, en vue de jouir sur la propriété de ceux-ci d'un avantage équivalent. Ou bien, elle est due à une sorte de destination de père de famille ; lorsqu'à des époques reculées, d'immenses domaines se sont trou-

(1) V. sur ce point spécial, Cass., 18 août 1863, et les observations motivées dont nous avons fait suivre cette décision (S. 1864. 1. 13).

(2) V. la Coutume normande, art. 83.

vés réunis dans une même main, des chemins, des sentiers y
furent établis par le maître ; depuis la division de ces vastes
propriétés, ces moyens d'exploitation rendus plus indispensables
encore par le morcellement, ont continué de subsister. Quelle
que soit la cause à laquelle la voie d'exploitation doive son
origine, elle forme donc une propriété privée dont on admet
généralement le caractère indivis ou tout au moins commun
entre tous les propriétaires des fonds qu'elle borde ou traverse :
chacun d'eux a le droit d'en user pour tous les besoins de son
héritage. (1). Et c'est en ce sens que Dubreuil (2) a dit : « Le
sol des chemins voisinaux devient en quelque sorte public entre
les co-usagers ; sous ce rapport, ces chemins sont, en quelque
manière, des chemins publics. » Mais aussi chacun des co-
usagers est fondé à y interdire la circulation à tout individu au
profit de qui un droit de co-propriété, ou tout au moins de servitude de passage, n'y aurait pas été reconnu (3).

14. Quant au sol sur lequel le passage serait exercé simplement à titre de servitude, il va de soi qu'il est une propriété
essentiellement privée.

A plus forte raison en est-il de même de tout le fonds au travers duquel se serait établi un *passage de souffrance* ou *de tolérance*.

Chaque jour encore, l'on voit se créer, dans les campagnes,
des sentiers qui n'ont pas d'autre caractère, et cela, encore
bien que, par leurs extrémités, ils fassent se rejoindre des localités publiques. C'est cette dernière circonstance qui précisément en détermine l'établissement ; et, par ce qui se produit
alors sous nos yeux, l'on peut juger de quelle manière se sont
formées une infinité de voies plus anciennes. Tout passant est
naturellement porté à abréger la route que le but où il tend
l'oblige à parcourir. La grande route, le chemin vicinal, la
rue fait un détour ; ce détour, il s'agit de l'éviter. On coupe
au court, on entre sur les propriétés riveraines, on les traverse.

___

(1) V. Agen, 23 juill. 1845 (S. 1846. 2. 250); Lyon, 5 janv. 1849 (S. 1850. 2.
166); Agen, 4 mai 1853. (S. 1853, 2 304); Cass., 12 déc. 1853 (S. 1855. 1. 742);
Poitiers, 15 mai 1856 (S. 1856. 2 517). — V. surtout, Cass., 20 fév. 1866, et
notre annotation sur cet arrêt (S. 1866. 1. 193).

(2) *Coutum. et Usag. de Provence.*

(3) Cass., 23 août 1858 (S. 1859. 1. 57).

Dès que l'un a passé, l'autre se croit autorisé à le faire : celui-ci imite celui-là. Le sentier est tracé ; alors chacun le suit. A l'origine, le maître du fonds envahi retourne le sentier une fois, deux fois....., ; il place des barrières, des fossés sur le terrain ; rien n'y fait, l'habitude est prise, le public persiste. Puis, le propriétaire finit par se lasser. Pour résister, il faut prendre de la peine, il faut de la fermeté, de la persévérance, souvent même du courage. On aime mieux subir l'abus, sauf à y faire une part. Le maître du champ délaisse l'espace indispensable au passage ; le surplus, il le protège comme il peut, au moyen de fossés, de haies, de murs même, pour que le mal ne s'étende pas. Mais, la tolérance dont il use ainsi vis-à-vis des passants, quelque prolongée qu'elle ait été, est-ce qu'elle pourrait être retournée contre lui ? Non, certainement (1) ! Et le jour où, plus ferme, plus résolu, lui ou son successeur, voulant trancher l'abus dans le vif et le supprimer, s'adresse à la justice, il pourra encore et toujours se retrancher derrière la présomption que l'art. 546 établit en sa faveur.

15. Au surplus, le caractère public du chemin par lequel des fonds sont bordés ou traversés, fût-il incontestable, qu'il serait vrai encore de dire qu'à son origine, du moins, ce chemin a fait partie des fonds en question.

La loi romaine le reconnaît (2) ; et, précisément pour cela, au cas où c'était même par une voie publique que le fonds était séparé d'un fleuve, elle attribuait au maître du fonds l'alluvion qui se formait au long de cette voie : *Nam ipsa quoque via fundi esset* (3).

De nos jours également, quand l'Etat veut créer une grande route, quand une commune veut ouvrir un chemin vicinal, ce n'est qu'en s'adressant à la propriété privée et en l'expropriant, qu'ils y parviennent.

C'est évidemment cette origine incontestable de la voie publique moderne qui a influencé le législateur à qui l'on doit la loi des 24-31 mai 1842 « relative aux portions des routes royales délaissées par suite de changement de tracé ou d'ouver-

---

(1) Cass. 5 août 1859. (*Bull. Crim.*, n° 198.)

(2) L. 14, D. *Quemadmod. servit ammitt.*; 3, §. 1, D. *de loc. et itin.*; 14, § 2, D. *de muner. et honor.*

(3) L. 38, D. *de adquir. rer. domin.*

ture d'une nouvelle route. » Ces portions, désormais inutiles à la circulation du public, l'Etat en était devenu propriétaire moyennant indemnité.

Rien n'eût donc empêché de permettre au Domaine d'en disposer à son gré, au profit de qui bon lui eût semblé, si une pensée de justice n'eût frappé le législateur. Comme ces terrains ont été originairement distraits des propriétés qui les joignent, il a voulu que, leur affectation à l'usage public venant à cesser, elles reprissent aussitôt, par une sorte de *jus postliminii*, leur caractère primitif et retombassent sous la main à laquelle l'Etat les avait enlevées. C'est ainsi qu'il a accordé aux propriétaires riverains des routes délaissées un droit de préemption sur les portions de ces routes touchant leurs fonds.

16. Tous les faits, toutes les considérations s'accordent donc pour démontrer que, sauf le cas où le caractère public d'un chemin est déclaré ou prouvé, toute voie de communication est, en principe, présumée faire partie de la propriété privée.

Déjà cette présomption, dès avant la première édition de ce travail, avait été reconnue par la jurisprudence : « Attendu, porte un arrêt de la Cour de Cassation, du 9 décembre 1857 (1) que les chemins ruraux sont présumés appartenir aux propriétaires dont ils traversent les héritages. »

Depuis, cette jurisprudence s'est accentuée.

« Considérant, est-il dit dans un arrêt de la Cour d'Amiens du 30 novembre 1868 (2), qu'il n'est point contesté qu'en principe, les chemins ruraux ne soient présumés appartenir aux propriétaires riverains et soumis aux règles du droit commun... »

« Attendu, lit-on encore dans un arrêt de la Cour de Pau, du 9 février 1870,... que le caractère public d'un simple chemin rural ne saurait être présumé de plein droit et qu'au contraire, lorsque la propriété d'une voie de cette nature est en

____

(1) S. 1858. 1. 541.— Comp. Amiens, 12 déc. 1850(*Journ. des Audiences de* cette cour, 1864-65, p. 188) ; Besançon, 24 janv. 1863 (S. 1863. 2. 80) ; Trib. civ. Marseille, 1864, cité par M. le procureur général Arth. Desjardins, *des chemins ruraux* (*Journal de l'Oise*, 18 janv. 1866). — Cappeau, *Traité de la législ. rur. et forest.*, t. 1er, p. 669.

(2) S. 1869. 2. 37.

litige entre une commune et un particulier, celui-ci peut, sur
le fondement de l'art 546 c. nap., invoquer la présomption
dérivant de la contiguité de son fonds avec le chemin litigieux (1). »

17. Il est vrai que deux arrêts de la Cour de Cassation des
29 novembre 1865 (2) et 16 avril 1866 (3) énoncent qu'il
s'agit là, non d'une présomption « légale, » mais d'une « présomption simple qui peut être combattue par des présomptions
contraires et annihilées par la possession contraire de la commune (4). » Mais il ne nous semble pas que ce soit s'exprimer
avec justesse et logique que de dénier ainsi à la présomption
en question son caractère légal. Elle ne saurait être, en effet,
confondue avec les présomptions dont parle l'art. 1352 c. civ.,
qui, par cela qu'elles sont abandonnées à l'appréciation per-
sonnelle des magistrats, n'ont pas besoin, pour être vaincues,
de rencontrer en face d'elles des présomptions ou une possession opposées. Dès, au contraire, que des présomptions et une
possession de cette dernière sorte sont nécessaires pour faire
disparaitre celle qui milite en faveur du propriétaire riverain
du chemin, c'est qu'en réalité il s'agit bien d'une présomption
établie par la loi, autrement dit: d'une présomption « légale ; »
et comment pourrait-il en être différemment, puisqu'elle repose
sur le texte de l'art. 546 c. civ. ! Il ne faut donc pas prendre
à la lettre la dénégation contenue dans les deux arrêts ci-
dessus.

Ce qu'ils ont voulu exprimer, c'est que la présomption dont
s'agit est, non absolue, mais relative; non *juris et de jure*,
mais seulement *juris*. Aussi, dans un arrêt postérieur du
15 juin 1868 (5) rendu dans le même sens que les précédents,
ne retrouve-t-on plus l'énonciation éminemment critiquable
que cette présomption ne serait pas légale; il y est dit uniquement qu'elle est simple et susceptible d'être combattue par la
preuve contraire. Là est la vérité.

18. Mais alors, tant que cette preuve n'est pas faite, la pré-

(1) S. 1870. 2. 156.
(2) S. 1868. 1. 215.
(3) S. 1866. 1. 321.
(4) Sur la portée de ces décisions, v. encore *infrà*, nᵒˢ 42 et 44.
(5) S. 1869. 1. 29.

somption est le principe, elle est la règle, et dispense de tout autre titre celui au profit de qui elle existe ; ainsi le veulent les art. 1350, 1352, C. civ.

19. Arrivé à ce point de notre discussion, nous avons déjà obtenu ce double résultat : 1° la base que MM. Flandin et de Raze prétendent avoir rencontrée dans la loi romaine et le droit féodal pour la présomption de propriété qu'ils réclament au profit des communes, n'existe pas en réalité ; les textes y répugnent complétement ; 2° il n'en est pas de même de la présomption invoquée en faveur des propriétaires riverains ; l'art. 546 c. civ., en est le solide fondement et la jurisprudence la plus récente s'y appuie.

La première opinion est donc dès maintenant vaincue par la seconde qui est la nôtre, mais celle-ci trouve à son tour une contradiction dans l'avis de ceux qui, ainsi que M. le Président Féraud-Giraud (1), « pensent qu'il n'y a pas à déroger ici aux règles de droit commun en matière de preuve Ce sera, ajoute le savant magistrat, au demandeur, commune ou particulier, à justifier de son droit conformément à la loi *actori incumbit onus probandi*. » Et à l'appui de sa doctrine il cite un arrêt de la chambre des requêtes, du 11 avril 1853 (2), qui repousse comme mal fondée la présomption de propriété que, dans l'espèce où il a été rendu, le riverain du chemin litigieux invoquait en sa faveur ; jurisprudence, dit-il, qui lui parait confirmée par l'arrêt du 16 avril 1866 (3).

Ce troisième avis aboutit donc à dire que les riverains des chemins ruraux, non plus que les communes, ne peuvent invoquer de présomption de propriété en leur faveur. Or, on remarquera que les partisans de cette opinion se contentent d'affirmer, mais s'abstiennent de tout développement. Ils font sciemment abstraction du principe de l'art. 546, c. civ., et n'essaient même pas de démontrer que les propriétaires riverains ne sont pas en droit de s'en prévaloir et d'en tirer parti. Ils se contentent de se retrancher derrière une jurisprudence

(1) *Voies rurales publiques et privées*, p. 47. — Conf. MM. Dalloz *Rép. Alphab.*, v° *voirie par terre*, n°ˢ 1346 et suiv. ; Chauveau Adolphe, *journ. de droit administ.*, t. 6, p. 229 ; t. 10, p. 368.

(2) S. 1853. 1. 732.

(3) C'est l'arrêt dont il est question au n° précédent.

qu'ils disent être contraire à cette présomption ; et, en le faisant, ils voient dans les arrêts qu'ils citent ce qui n'y est pas et ils leur font dire ce que ces arrêts n'expriment certainement pas.

Ainsi, il faut remarquer que, dans l'espèce où l'arrêt du 11 avril 1853 est intervenu, la présomption dont le propriétaire riverain du chemin litigieux prétendait bénéficier, était non celle de l'art. 546, Cod. civ., mais une autre tirée de l'art. 552 du même Code, aux termes duquel la propriété du sol emporte la propriété du dessus et du dessous. En cet état, l'arrêt a justement rejeté la présomption, puisque, quand une voie de communication est revendiquée par une commune en tant que chemin public, c'est le sol même de cette voie qui est contesté aux maîtres des fonds riverains, et non pas seulement la superficie de ce sol. Mais le droit qui, à notre sens, appartient à ceux-ci de se prévaloir, pour cette hypothèse, de l'art. 546 et de la présomption légale qui en résulte, ne reçoit aucune atteinte de la doctrine contenue en cette décision, car, il n'y a été aucunement mis en question.

Quant à l'autre arrêt du 16 avril 1866, nous venons d'en parler quelques pages plus haut et l'on a pu voir qu'il y est constaté que cette dernière présomption est simple et peut être combattue par la preuve contraire. Par cela que cet arrêt détermine le caractère de la présomption dont s'agit, il en reconnaît l'existence, loin d'y être défavorable.

Le système qui se base sur cette présomption ne subit donc aucun ébranlement des dénégations non justifiées de M. le Président Féraud-Giraud ; il est le seul qui résiste à la critique et se maintienne.

20. On peut, en définitive, le résumer en ces termes :

Du côté des communes, aucune présomption spéciale d'après laquelle les chemins ruraux de leur territoire seraient, en principe, affectés à l'usage du public. Une affectation de cette sorte n'existe que si elle s'est créée et constituée ; et pour que, devant elle, disparaisse la présomption dont, au contraire, les riverains sont fondés à se prévaloir, les éléments doivent en être prouvés et rendus évidents.

Nous avons maintenant à rechercher en quoi consistent les éléments, d'où dérive au profit des communes, quand ils existent, un droit d'appropriation sur les chemins en question.

§ 2°.

*Des éléments de fait qui constituent l'affectation d'un chemin
rural à l'usage du public.*

21. Les chemins ruraux ne peuvent être caractérisés en tant que chemins
publics, que par des faits les concernant, d'où résulterait leur affectation à
l'usage du public.

22 Ces faits sont la fréquentation d'un chemin par la généralité des habitants et tout à la fois des actes accomplis par les autorités communales
manifestant l'intention, pour la commune, de posséder le chemin à titre de
propriétaire ; nécessité du concours de cette fréquentation et de ces actes.

23. Du premier élément de ces faits acquisitifs : quand les faits de fréquentation ou de passage sont empreints ou non d'un caractère de publicité.

24. Ils ne tirent pas un caractère public de ce que les chemins ruraux sur
lesquels ils sont accomplis, seraient donnés dans des titres de propriété,
contrats, plans et autres documents, comme limites aux héritages qui bordent ces chemins ;

25. .... ni de ce que ces chemins seraient séparés des héritages par
des haies, des fossés, des bornes, alors surtout que la commune ne prouve
pas que les haies et bornes auraient été plantées et les fossés creusés par
elle.

26. Les causes qui impriment à des faits de passage un caractère de publicité ne peuvent être qu'intrinsèques ; elles sont de deux sortes : la destination d'intérêt général, la nécessité du chemin pour atteindre cette destination.

27. De la destination d'intérêt général : chemin faisant se communiquer
deux communes, ou une commune avec l'une de ses sections ou l'un de ses
établissements publics, ou deux grandes routes, etc.

28. Une destination de cette sorte est caractérisée moins par les possibilités qu'elle offre aux communications d'un lieu public avec un autre, que
par l'existence même de la circulation qui s'opère en vue de ces communications.

29 Des chemins ruraux qui, par leurs extrémités, débouchent sur des
chemins également ruraux.

30. Est-ce une destination d'intérêt général que celle des chemins ruraux
qui se dirigent vers des propriétés de la commune ? Distinction.

31. Des chemins qui servent à l'exploitation des différents cantons de
terres arables ; ils n'ont pas un but d'intérêt général.

32 Il en est de même de ceux qui servent à l'exploitation d'un moulin,
d'un pressoir, d'une fromagerie, etc., quelqu'achalandés que soient ces établissements.

33. De la nécessité du chemin pour atteindre la destination d'intérêt général : circonstances qui caractérisent cette nécessité.

34. Le chemin doit être à toutes fins : des sentes et sentiers, coulées, chemins de bucherons, d'échaliers, etc.

35. Le chemin doit être l'objet d'une fréquentation habituelle : des chemins dont la direction n'est qu'imparfaitement accusée, des chemins verts.

36. Le chemin doit avoir une assiette fixe et permanente : des chemins
qu'on laboure en même temps que les fonds qu'ils bordent ou traversent.

37. Le chemin ne doit pas faire double emploi avec d'autres chemins publics.

38. Suite ; d'un cas exceptionnel.

39. C'est par sa destination d'intérêt général et sa nécessité pour atteindre cette destination, qu'un chemin public rural se distingue des chemins d'exploitation et des passages de tolérence.

40. Du second élément des faits acquisitifs, consistant dans les actes au moyen des quels la commune manifeste l'intention de posséder à titre de propriété le sol sur lequel s'accomplissent, d'autre part, les faits de passage ci-dessus.

41. Influence de l'arrêté préfectoral de classement, suivant qu'il est isolé ou corroboré par d'autres documents.

42. Des actes de voirie et de surveillance accomplis sur le chemin par l'autorité municipale : travaux d'entretien, réparations, empierrements, fossés, bornes, etc.

43. Suite ; arrêtés de police, arrêtés d'alignement.

44. Suite ; procès-verbaux de contravention.

45. Influence des indications du plan cadastral sur la question de propriété d'un chemin rural.

46. Pour être acquisitifs au profit de la commune, les actes de celle-ci doivent être exclusifs de ceux que les riverains feraient, d'autre part, sur le chemin à titre de propriétaires.

47. Il faut, dans tous les cas, qu'ils s'appliquent à un chemin réellement fréquenté par le public dans les conditions sus-spécifiées.

48. Résumé et transition.

21. Les chemins ruraux ne sont pas de ceux qui sont créés *à priori* en vue d'une affectation à l'usage du public : ceux-ci sont les routes nationales et départementales ou les chemins vicinaux, toutes voiés dont le caractère a été déclaré par l'autorité même à qui elles doivent leur origine : *ab eo qui jus publicandi habuit* (1). Pour ces grands chemins, c'est donc l'acte de l'autorité qui est le titre constitutif de leur publicité. Mais, pour les voies dont il s'agit ici, rien de pareil ne saurait se produire, puisque, ainsi qu'il est dit plus haut, l'arrêté préfectoral qui les a immatriculés en l'état des chemins publics ruraux est, par lui seul, impuissant à amener un résultat quelconque (2) C'est donc seulement des faits que peut résulter l'affectation d'un chemin rural à l'usage du public. Or, ces faits, quels sont-ils ?

22. Quels seraient-ils, si ce n'étaient avant tout des faits de passage ?

(1) V. *suprà*, n° 9.
(2) V. *id.*, n° 7.

S'agissant d'un chemin dont la commune prétend avoir acquis la propriété, ou tout au moins la possession, à titre de voie publique, une telle acquisition a nécessairement pour cause originaire la fréquentation dont le sol litigieux aurait été l'objet de la part des habitants. Les voies rurales, dit M. le premier président Troplong, « existent parce que, de temps immémorial, les habitants d'une ou de plusieurs communes y ont passé et en ont affecté le sol à leur usage particulier. En définitive, le passage habituel du public est le seul créateur de la plupart des chemins ruraux (1). »

Sans doute, il en est ainsi ; il faut, toutefois, s'entendre. De simples faits de passage, eussent-ils été effectués par les habitants d'une commune, manifesteraient uniquement, de la part de leurs auteurs, l'exercice d'une servitude discontinue ; de tels faits seraient donc inefficaces pour l'acquisition du sol qui y sert d'assiette : *ad probandam viam esse publicam, non sufficit probare per testes quid publice seu vulgo per omnes itum fuerit per longum tempus* (2). Ils le seraient même pour l'acquisition d'un simple droit de passage (3), puisqu'une servitude de cette sorte, étant discontinue, n'est point, en l'absence d'un titre, susceptible de possession légale (4).

Pour être acquisitifs du sol même sur lequel ils s'effectuent, pour affecter ce sol à usage de chemin public, des faits de passage doivent donc être caractérisés dans le sens où ils tendent. Il faut que les circonstances où ils s'accomplissent soient telles qu'il en résulte des effets semblables à ceux que produit la déclaration de publicité émanée de l'autorité qui ouvre une grande route ou reconnaît un chemin vicinal. Ces circonstances, indiquées d'ailleurs par la force des choses, sont naturellement de deux sortes.

---

(1) *De la prescription*, t. Ier, n° 163.

(2) Cœpolla : *De servitutibus, tract. 2, cap. 3.*— *Conf.* Cass., 15 févr. 1847 (S. 1847, 1, 456); Douai, 11 nov. 1857, cité par M. Bost, *Code formulaire des chemins ruraux,* n° 12, et MM. Pardessus, *Servit.,* n° 216 ; Garnier, *Des chemins,* p. 291; Demolombe, *Servit.* n° 797 ; Dalloz, *répert. alphab.,* v° *Voirie par terre,* n° 1349 ; Arthur Desjardins, *Des chemins ruraux.* (*Journal de l'Oise,* 18 janvier 1866).

(3) Angers, 26 juill. 1854, et cass. 5 juin 1855 (S. 1854. 2. 765 et 1856. 1. 444) ; Dijon, 9 février 1870. sous cass. 21 nov. 1871 (S. 1872. 1. 20).

(4) C. civ., 691.

En premier lieu, c'est bien par le public, c'est-à-dire par la généralité des habitants de la commune, en cette qualité, que les faits de passage doivent être accomplis.

En second lieu, il faut que ces faits soient accompagnés, de la part des autorités qui représentent et régissent la commune, d'actes manifestant, sans équivoque, l'intention qu'ont ces autorités, pour le corps moral des habitants et par le fait de ceux-ci, de posséder le chemin à titre de propriétaire.

C'est à cette double condition seulement qu'un chemin rural apparaîtra comme étant, de la part de la commune, l'objet d'une jouissance acquisitive de prescription dans les termes de l'art. 2229, Cod Civ.. La jurisprudence la plus récente le décide avec juste raison; ce n'est, effectivement, que de ce double ordre de faits: faits de passage effectués par le public, actes de voirie ou de surveillance municipales; ce n'est que de leur concours qu'elle induit l'affectation d'un chemin rural à l'usage du public et, comme conséquence, son appropriation par la commune de la situation: « attendu, dit un arrêt de la cour de Rouen, du 12 avril 1856 (1), que, si les communes ne peuvent être astreintes à rapporter précisément par titres la preuve de la propriété de leurs chemins, dont l'origine et l'établissement se perdent ordinairement dans la nuit des temps, il faut, au moins, pour sauvegarder le principe de la liberté des héritages, trop souvent blessé par l'habitude qu'ont les gens de campagne d'abréger leur chemin en passant sans droit sur la propriété d'autrui, que les communes appuient leurs prétentions à la propriété des chemins, et surtout des simples sentiers, sur des faits de possession *animo domini,* pendant le temps fixé par la loi pour acquérir la propriété, et qu'elles ne se bornent pas à invoquer l'usage de la fréquentation même habituelle et de temps immémorial par le public; — attendu, en effet, qu'il est de principe attesté par la doctrine, sanctionné par la jurisprudence la plus certaine, que le simple usage, fût-il immémorial, d'un chemin par les habitants d'une ou de plusieurs communes, est insuffisant pour attribuer la propriété de ce chemin à la commune, et qu'il faut qu'à cet usage se réunissent des actes et des faits qui démontrent que, pendant et

(1) S. 1857. 2. 347.

depuis trente années, la commune a manifesté l'intention de posséder le chemin à titre de propriétaire...; — attendu que les faits offerts en preuve par la commune, en les supposant prouvés comme ils sont articulés, ne sont ni relevants, ni concluants; qu'ils ne caractérisent pas une possession à titre de propriétaire; qu'en effet, ils ne tendent pas à prouver que, depuis le temps exigé par la loi pour acquérir la propriété par la possession, la commune ait fait, autant que le comporte ce genre de chemin, sur la sente dont il s'agit, des travaux d'art et d'entretien, ou exercé une surveillance de police qui aurait manifesté d'une manière certaine un droit de propriété, mais qu'ils se bornent à établir, par le public, un usage et une fréquentation habituels qui, dépourvus de toute autre adminicule de preuve, sont, d'après les mot fs qui précèdent, impuissants pour fonder une possession *animo domini,* etc. »

« Attendu, dit également un arrêt de la Cour d'Amiens, du 30 nov. 1868 (1),... qu'enfin la commune d'Etelfay n'a fait pour la conservation et l'entretien des chemins litigieux, aucun des travaux qu'il nécessitait et qui révèlent le propriétaire du sol; que, de l'ensemble des faits invoqués par elle, il résulte seulement que, depuis longues années, un certain nombre d'habitants a pratiqué sur le terrain litigieux des actes de passage impuissants pour créer une servitude imprescriptible, etc. »

Ce sont les mêmes principes qu'exprime d'une façon moins développée, mais très-énergique, un arrêt de la cour suprême, du 11 février 1857 (2), où nous lisons : « Attendu que si les communes peuvent prescrire la propriété d'un chemin, c'est à la condition que ce chemin soit public, c'est-à-dire que non seulement il serve à l'usage de tous les habitants, mais encore que, par une appropriation caractérisée, le corps commun l'ait fait passer dans le domaine communal, etc. »

Voilà les règles; entrons maintenant dans les développements qu'elles comportent.

---

(1) S. 1869. 2. 37.

(2) D. P. 1857. 1. 256, — V. encore dans ce sens: Amiens, 12 déc. 1850, 19 févr. 1851 et 14 juill. 1863 (*journ. des audiences* de cette Cour, 1864-65, p. 177, 183 et 188); Grenoble, 27 janvier 1843 (S. 1844. 2. 168); Bordeaux, 18 nov. 1856 (*journ.* de cette Cour, 1856, p. 498); Limoges, 2 juill. 1862 (S. 1863. 2. 35); et M. Arth. Desjardins, *des chem. rur.*, loc, cit.

23. Traitons, en premier lieu, des faits de passage, l'un des deux éléments par lesquels la prescription peut se constituer au profit de la commune; et, tout d'abord, il s'agit de reconnaître quand de tels faits sont empreints ou non d'un caractère public?

24. Quelquefois, l'on a voulu faire résulter la publicité de ces faits uniquement de cette circonstance extrinsèque que les fonds riverains ne comprendraient pas dans leur contenance le sol du chemin sur lesquels ces faits s'accomplissent, soit que la commune prétende faire dépendre cette exclusion de titres de propriété ou de documents afférents à ces fonds, soit qu'elle veuille la faire ressortir de clôtures et de bornes qui existeraient entre le chemin litigieux et les fonds qu'il borde.

Ainsi, dans des espèces, où, par exemple, des actes de vente donnaient aux héritages le chemin comme tenant ou pour limite, il est arrivé qu'on a regardé une telle énonciation comme impliquant, de la part des maîtres de ces héritages, la reconnaissance et l'aveu qu'ils n'avaient aucun droit privé de propriété à prétendre sur ce chemin; puis, de cette publicité de la voie si facilement déduite, l'on a conclu à la publicité des faits de passage accomplis sur cette voie (1).

Cette conclusion, ce semble, pêche par son point de départ, et n'est pas moins contraire aux principes du droit qu'aux règles de la logique. Tout ce qu'à la rigueur, en effet, on pourrait induire d'une énonciation du genre de celles qui nous occupent, contenue en un contrat d'acquisition, c'est que la voie indiquée comme tenant ou limite du fonds acquis, n'est pas la propriété exclusive du maître de ce fonds. On sait, en effet, que, parmi les chemins ruraux, ceux qui servent à l'exploitation des terres appartiennent d'une manière indivise aux maîtres des fonds riverains qui ne peuvent les supprimer sans le consentement de tous les intéressés. Ces voies ont donc bien moins pour objet de limiter les fonds par lesquels elles sont bordées, que de pourvoir aux divers passages qui sont dus par eux, de telle sorte que l'énonciation que l'on a coutume d'insérer dans les titres de propriété, relativement à l'existence de

(1) V. dans ce sens : Rouen, 24 déc. 1825 (D. *alph* v° *Voirie par terre*, n° 1345); Agen, 23 juill. 1845 (S. 1846. 2. 250); Lyon, 17 fév. 1846 (S. 1846. 2. 485); Rouen, 24 janv. 1863 et Cass. 27 avril 1864 (S. 1864. 1. 212).

tels chemins, doit être simplement considérée comme une ré-
serve au profit de leur maintien. C'est là une observation fort
juste qu'à faite Siculus Flaccus, un agrimenseur romain du
second ou du troisième siècle : *Privatæ viæ ad finitionem agrorum non pertinent, sed ad itinera eis præstanda, quæ sub ex-
ceptione nominari in emptionibus agrorum solent;.. non enim
finium causâ diriguntur sed itinerum : ità tam fas est finem
facere quàm et transire viam* (1).

L'arret précité de la Cour d'Amiens du 30 nov. 1868 (2) a
donc pu dire à bon droit en parlant d'un chemin rural réclamé
par une commune et en rejetant l'action de celle-ci : « que divers actes de vente ont pu le mentionner comme limite sans
rien préjuger sur la qualification légale qui lui convenait... »

Sans doute, il est un cas où il pourrait en être autrement ;
mais c'est un cas tout spécial, celui où, antérieurement à l'acte
dans lequel le chemin aurait été qualifié comme public par les
adversaires de la commune, son affectation en cette qualité
serait déjà constituée par le double élément de la possession
acquisitive : faits de passage publics, actes de voirie municipale. S'il en était ainsi, il e t évident que la commune pourrait
se servir des énonciations claires et précises que contiendraient
des actes postérieurs émanés des riverains, pour démontrer
que ceux-ci, ses adversaires, n'ont point prescrit contre la publicité de la voie et que, par conséquent, leur possession privée
n'a point triomphe de sa possession publique (3).

Mais, est-ce que la commune pourrait aller au-delà ? Et si,
spécialement, le chemin litigieux n'a pas été, de la part du public, l'objet d'une fréquentation trentenaire, est-ce qu'il suffira que cette fréquentation soit reconnue par les riverains,
bien qu'elle n'existe pas en réalité, pour que la publicité de la
voie soit certaine et ne puisse plus être contestée ? Est-ce que
cette reconnaissance d'une publicité imaginaire, mensongère,
dépourvue de tous ses éléments constitutifs, pourrait être opposée à ceux dont elle est émanée, comme une fin de non recevoir à la revendication qu'ils feraient plus tard ? Dans une espèce où une commune prétendait tirer une fin de non recevoir

(1) *Loc. cit.* p. 12.
(2) S. 1869 2. 37.
(3) V. en ce sens : Pau 9 févr. 1870. (S. 1870. 2. 156).

de cette sorte, d'une pétition par laquelle son adversaire avait, avant tout procès, offert de lui racheter le chemin litigieux, la cour de cassation ne l'a pas pensé. On lit dans son arrêt du 24 novembre 1871 (1) : « Attendu que l'aveu judiciaire sur lequel se fonde le pourvoi de la commune n'existe pas dans la cause ; qu'on ne saurait considérer comme tel une pétition faite devant le Conseil municipal à une époque d'ailleurs antérieure au procès ; — attendu.. que la délibération du Conseil sur cette pièce n'implique ni qu'il y ait eu reconnaissance du droit litigieux au profit de la commune, ni que le défendeur au pourvoi se soit interdit de discuter l'existence légale du droit de passage prétendu par la commune... »

Si les énonciations dont s'agit se rencontrent, non plus même dans des titres de propriété, mais dans de simples documents, tels que plans, contrats d'accensissements ou de baux, dénombrements, terriers, etc., il y a moins de raisons encore de les opposer aux propriétaires riverains des chemins. C'est ce qu'a jugé un arrêt récent de la Cour de Paris, du 3 juillet 1872 (2) : « Considérant, y est-il dit, que les documents nouveaux versés au procès au cours de l'instance d'appel ne suffisent pas pour détruire les preuves de la propriété entre les mains de Bayvet et de ses auteurs ; que ces documents consistent en quatre extraits des terriers de la seigneurie de Saisy-sur-Seine, dressés en 1644 et 1725, et aux termes desquels, Borace, Letourneur, Huguet et la veuve Leutaud déclarent tenir en censive divers héritages qu'ils délimitent ainsi : « tenant d'un bout sur la ruelle du Pontchardon, » « tenant d'une part à la rue de la Fontaine du Pontchardon, » « la ruelle qui descend à la fontaine du Pontchardon entre deux, » « une voirie entre deux, anciennement appelée la ruelle de la fontaine du Pontchardon ; » — considérant que les terriers ne constituent pas par eux-mêmes des preuves de propriété ; qu'ils sont définis registres contenant le dénombrement des déclarations des particuliers qui relèvent d'une seigneurie et le détail des droits, cens et rentes qui y sont dus...; — considérant, d'ailleurs, que, dans l'espèce, Borace, Letourneur. Huguet et la veuve Leutaud ont eu pour but dans leur déclaration de préciser la situation de leurs

(1) S. 1872. 1. 20.
(2) Sous Cass. 17 juin 1873 (S. 1873 1. 265).

héritages par une indication de limites ; mais que les énonciations « ruelle de la fontaine, ruelle qui descend à la fontaine, » voirie anciennement appelée ruelle de la fontaine, » ne démontrent rien quant à la question de savoir à qui appartiendraient les dites ruelles, etc. »

Et maintenant, allons plus loin. Admettons que, de ces énonciations on soit fondé à conclure que les propriétaires riverains n'ont, sur le chemin dont s'agit, de droit privé d'aucune sorte. Serait-ce donc de là que dériverait le caractère public de cette voie ? Comment ! il suffirait d'une simple énonciation dans un contrat intervenu entre particuliers, ou dans un acte émané d'eux, pour que ce caractère soit constitué ! Un mot, une mention en un acte quelconque pourrait, pour établir la publicité de la voie, ce que n'a pu la déclaration d'utilité générale émanée du Préfet et insérée dans l'arrêté qui a classé cette voie parmi les chemins publics de la commune ! Cela n'est pas admissible.

Il est si vrai qu'en aucun cas, la publicité du chemin ne peut résulter d'un titre ou d'un contrat du droit commun, qu'à notre sens, il en serait ainsi, lors même que ce chemin serait, en ces actes, plus ou moins qualifié comme voie publique. Une qualification de cette sorte ne saurait, à coup sûr, être regardée en principe comme un aveu judiciaire au profit de la commune (1).

Cette doctrine si juridique ressort explicitement d'un jugement possessoire, rendu sur appel, par le tribunal civil de Beauvais, le 30 mai 1866 : « ..... Attendu, y est-il dit, qu'il importe peu qu'antérieurement à l'action intentée par les riverains contre la commune, le plan qui a été dressé le 14 juillet 1862, pour les mesurage et bornage des pièces de terre appartenant aux demandeurs, porte le tracé de la sente litigieuse ; qu'en aucun cas, le caractère public d'un chemin et sa possession légale par la commune de la situation, ne sauraient résulter des mentions, même expresses et non équivoques, contenues en un acte privé, alors que ces effets ne résultent même pas de l'acte public de l'autorité qui classe ce chemin dans l'état des chemins ruraux ; que de telles mentions, lorsqu'elles

____

(1) V. en ce sens, Bordeaux, 13 nov. 1852. (D. P. 1856. 2. 26).

émanent des adversaires de la commune ou qu'elles sont approuvées par eux, ne peuvent donc valoir, de leur part, que comme reconnaissance des droits de possession ou de propriété que, suivant les circonstances, la commune prétendrait avoir sur le chemin, en tant que chemin public, à la condition, bien entendu, que ces droits se seraient, d'autre part, réellement constitués au moyen de faits acquisitifs; que, dès lors, si la préexistence de ces droits vient à être contestée par ceux-là même de qui les mentions émanent, elles ne sauraient élever une fin de non recevoir contre la contestation, etc. »

25. Nous avons fait observer que ce n'est pas seulement des énonciations contenues aux actes et relatives aux limites plus ou moins réelles des fonds, qu'on a voulu induire la publicité, tout à la fois, de la voie rurale contiguë et des faits de passage accomplis sur cette voie. On a prétendu tirer des conclusions toutes pareilles de la circonstance où les fonds riverains sont séparés du chemin par des haies, des fossés, ou même des bornes. Cette séparation matérielle, a-t-on dit, est la marque et la preuve que les fonds et le chemin sont deux propriétés distinctes ; et, si celui-ci, d'après cette configuration du sol, n'appartient pas aux maîtres des fonds, c'est qu'il appartient à la commune de la situation.

Cette conséquence serait peut-être admissible, s'il était prouvé que les clôtures, les bornes placées ainsi entre les champs et le chemin qui les borde, sont l'œuvre de la commune. Une œuvre de cette sorte accomplie par elle, rentrerait évidemment dans la catégorie de ces actes qui, nous l'avons signalé plus haut et nous la développerons ci-après (1), doivent se joindre aux faits de passage du public, pour manifester l'intention, de la part du corps moral des habitants, de posséder le chemin à titre de propriétaire.

Mais, s'il n'est pas prouvé que les haies, les fossés ou les bornes qui séparent ce chemin des fonds riverains, doivent leur origine à la commune, on ne peut de leur existence tirer des conséquences favorables à celle-ci (2). Ils sont, tout comme

(1) V. nos 22 et 42.

(2) V. en ce sens, Dijon, 9 févr. 1870, sous Cass. 21 nov. 1871. (S. 1872. 1. 20).

le chemin, l'accessoire des champs qu'ils bordent. A ce titre, ils sont présumés avoir été établis par les propriétaires qui, envahis et impuissants à réagir complètement contre l'usurpation du public, ont du moins par leur moyen circonscrit le passage dans de certaines limites et protégé ainsi le reste de leurs héritages (1).

26. Ce n'est donc pas plus dans les titres et les actes émanant des particuliers que dans les seuls arrêtés de l'autorité préfectorale qu'il faut chercher la cause qui donne à des faits de passage effectués sur les chemins ruraux, le caractère public.

Si l'on y veut réfléchir, on comprendra, d'ailleurs, que cette cause ne saurait être qu'intrinsèque ; c'est en eux-mêmes qu'il faut examiner les faits de passage. Ils sont empreints, à coup sûr, d'un caractère privé, s'ils servent uniquement les intérêts, les besoins des individus pris comme particuliers, comme propriétaires d'un fonds ou cultivateurs d'un champ. Ils sont publics, au contraire, s'ils ont pour mobiles des intérêts généraux : ceux, par exemple, de l'industrie, du commerce, aussi bien que ceux de l'agriculture ; si surtout ils répondent aux « relations sociales : » ces besoins par lesquels a été déterminée la réunion en communes des divers groupes de population existant sur tous les points du territoire français (2) ; autrement dit, s'ils répondent aux intérêts et aux besoins des individus considérés comme citoyens d'un pays, membres d'une commune, ayant, en ces qualités, à vaquer à des droits et à des devoirs politiques et publics, civils et religieux (3). Ce qui caractérisera donc réellement des faits de passage en tant que publics, c'est la destination qu'ils auront en vue de l'intérêt général ; c'est aussi la nécessité où seront leurs auteurs de suivre, pour atteindre cette destination, une voie déterminée.

Donnons quelques développements à cette notion.

Premièrement, la destination d'intérêt général. Un chemin public est évidemment fait pour qu'on y aille et qu'on y vienne, c'est-à-dire pour qu'on y circule. Les faits de passage

____

(1) V. *Suprà*, nº 13. — Comp. M. Féraud-Giraud, *Voies rurales* nº 84.

(2) V. Constitution franç. du 3 sept. 1791, tit. 2, art. 8.

(3) Comp. Paris, 11 mars 1861 (S. 1861. 2. 497).

qui s'y effectuent sont entre-croisés ; c'est un échange de pas
et de démarches. A cette condition seulement, il sert « les relations sociales. » Pour qu'il ait véritablement la destination
qui nous occupe, il ne suffit donc pas que, par l'une de ses
extrémités, il touche à un lieu public. Il y aurait là, au contraire, l'un des signes par lesquels se manifeste la circulation
d'intérêt privé. Tout chemin d'exploitation est, par l'une de
ses extrémités, plus ou moins directement en contact avec un
chemin public ; toujours il forme un embranchement de celui-
ci (1) Siculus Flaccus, que déjà nous avons cité, le faisait remarquer en ces termes : *Viæ sœpè necessario per a'ienos agros
transeunt, quà non universo populo itinera prœstari viden-
tur..... Hæ ergò de vicinalibus soient nasci : nàm et omnes viæ
ex vicinalibus nascuntur* (2). Il faut bien, en e et, que les produits des exploitations particulières trouvent leurs débouchés
vers les centres de consommation. Tel est le motif pour lequel,
dans une espèce, la Cour de cassation a refusé, par arrêt du
23 juillet 1858 (3), de regarder comme publics des chemins
qui faisaient communiquer une forêt avec d'autres voies dont
la publicité était incontestable : « attendu qu'il n'y a pas à
s'arrêter à la circonstance que le chemin forestier aboutit à
des chemins publics ;..... qu'il est dans la nature des choses
qu'un chemin de vidange débouche sur une voie publique conduisant aux lieux où doivent aller les produits de la forêt,
etc. » Il faut donc qu'un chemin rural fasse se rejoindre, par
ses extrémités, deux lieux également publics, pour qu'on
puisse attribuer un caractère de même sorte à la circulation
qui s'opère sur ce chemin. Le droit romain, le droit féodal que
l'on invoque toujours en faveur des communes, le constatent
eux-mêmes. L'un et l'autre n'envisagent, comme empreintes
de publicité, parmi les voies agraires et les traverses, que
celles qui mettent en communication réciproque des villes ou
des villages entre eux ou avec la voie publique (4).

Deuxièmement, la nécessité du chemin pour atteindre les
buts d'intérêt général vers lesquels ce chemin se dirige. Cet

(1) Limoges, 2 juill. 1862 (S. 1863. 2. 35).
(2) *Loc. cit.*, p. 12.
(3) S. 1859.11. 633.
(4) V. n⁰ˢ 9 et 10.

autre caractère n'est pas moins indispensable que le premier ; car, en thèse générale, toute acquisition de chemin a surtout sa cause dans sa nécessité même (1). De cette nécessité constatée dépend forcément la constance, la continuité et aussi le caractère non équivoque des faits de passage. Par exemple, il sera facile d'admettre que des faits de passage effectués par les habitants d'une commune, l'ont été *animo domini*, lorsque du point de départ au point d'arrivée, tous deux publics, il n'existe qu'une seule voie. Mais, ne pourra-t-on pas aussi facilement admettre la conséquence opposée si, entre les deux objectifs, s'étendent plusieurs voies formant plus ou moins double emploi entre elles, et si le choix entre l'une et l'autre dépend de la volonté, de la commodité, du caprice même de chaque voyageur, de chaque passant ? Ne serait-on pas fondé à soutenir, dans cette dernière hypothèse, qu'au moins sur l'une de ces voies, spécialement sur la voie litigieuse, les faits de circulation sont, de la part du public, seulement accidentels, ou encore constituent l'un de ces passages de tolérance dont il est parlé plus haut (2) ?

Ainsi, sur le premier des éléments par lesquels se constitue la prescription de la commune, les principes sont posés ; faisons-en l'application.

27. Parlons d'abord du but public que, pour avoir un caractère de même sorte, la voie rurale doit rencontrer à chacune de ses extrémités.

Ce but, on le reconnaîtra à coup sûr quand le chemin établit réellement, par exemple, des communications directes entre deux communes ou sections de communes, ou encore entre grandes routes, rues ou voies vicinales : « attendu, en droit, porte un arrêt de la Chambre des requêtes, du 21 juin 1836 (3), que, d'après la nature des choses, l'opinion des auteurs et la jurisprudence, un chemin est réputé chemin public lorsqu'il conduit

(1) Cod. Nap. 682.
(2) V. n° 14.
(3) D. Alph. v° *voirie par terre*, n. 1345. V. dans ce sens : Bourges 30 janv. 1826 (S. chrou.); Dijon 30 juin 1840, et Cass., 14 fév. 1842 (S. 1842. 1. 363); Cass., 15 fév. 1847 (S. 1847. 1. 456); Bordeaux, 11 nov. 1848 (S. 1849. 2 349); Cass., 11 fév. 1857 (D. P. 1857. 1. 256); 9 avr. 1862 (S. 1862. 1. 465); 16 avr. 1866, (S. 1866. 1. 321); Pau, 9 fév. 1870 (S. 1870. 2. 156.)

d'une ville ou d'un bourg à une ville ou à un bourg, ou à une route, ou d'un chemin public a un chemin public, ou d'un village à un village ; ...... attendu, en fait, que, reconnu et classé comme chemin public en 1719, 1738 et 1824, le chemin dont il s'agit existe de temps immémorial ; qu'il conduit de la commune de Saint-Jacques à la commune de Beuvillers ; que les deux extrémités sont ferrées et cailloutées... et que ce chemin aboutit par ses deux extrémités à des voies publiques ; qu'en jugeant, d'après ces faits, que le chemin qui donne lieu au litige est un chemin public, la Cour de Caen, loin d'avoir violé les dispositions du Cod. civ. (art. 601, 1320, 2229, 2232, 2281) en a, au contraire, fait une juste application, etc. »

On reconnaîtra également le but public dont s'agit, lorsque le chemin rural fait communiquer la commune ou l'un de ses hameaux avec les édifices ou localités affectés à l'usage de tous et faisant, par cela seul, partie du domaine public municipal, tels que la mairie, l'école, l'église, le cimetière, le marché, le port, la fontaine ou l'abreuvoir communal, etc. (1).

28. Il faut toutefois s'entendre à ce sujet. Un chemin rural n'est pas empreint de publicité par cela seul qu'en le parcourant en son entier, il serait possible d'arriver d'un point public à un autre. Les chemins et sentiers d'exploitation ne se perdent pas nécessairement dans les campagnes. Tout comme les grandes routes et les voies vicinales, ils peuvent avoir leur double issue vers des communes, des villages ou vers des chemins publics. Est-ce que les propriétaires des champs qu'ils bordent ou traversent n'ont pas à venir d'ici et de là, du nord et du sud, de l'est et de l'ouest ? N'est-il pas, dès lors, nécessaire que ces chemins s'ouvrent des deux parts et souvent même qu'ils soient coupés ou rejoints par d'autres voies de même sorte ? Un chemin public rural est donc bien moins caractérisé par les *possibilités* qu'il offre aux communications d'un lieu public à un autre que par l'existence réelle de la circulation qui s'opère sur son emplacement en vue de ces communications. Qu'importe donc que, par ses issues, il soit en contact avec des localités publiques, s'il n'est qu'accidentellement par-

(1) Bourges, 30 janv. 1826, et Bordeaux, 11 nov. 1848, précit. ; Cass., 2 décembre 1844 (S. 1845. 1. 24).

couru en son entier ; si, d'ordinaire, les faits de passage qui s'y opèrent ne sont pas complétement entrecroisés, et si, commencés à l'une ou à l'autre de ses extrémités, ces faits aboutissent aux propriétés particulières qu'il borde ou traverse ! Il n'y a là que des faits de passage privés et non la manifestation d'une circulation publique. C'est ce que, par arrêt du 11 mars 1861 (1), a jugé la Cour de Paris, à l'occasion de deux routes ouvrant toutes deux « sur une grande voie publique » et se dirigeant, l'une vers une ferme isolée dans la campagne, l'autre vers un bourg : « considérant, y est-il dit, qu'il est manifeste que le prolongement des deux routes jusqu'à Roselle (la ferme) et à Vimpelle (le bourg), n'a point eu pour but une communication à établir entre la commune de Saint-Sauveur et ces deux localités ; qu'il prouve seulement que ceux des habitants de Vimpelle et de Roselle qui possédaient des terres dans la partie du territoire qui est traversé par les chemins, ont dû s'entendre pour opérer ce prolongement, afin de se rendre plus facilement sur leurs propriétés et de pouvoir les exploiter d'une manière plus avantageuse ; considérant qu'il est hors de doute que les chemins ont été créés avec une destination toute rurale ; qu'ils accusent cette destination par le parcours qui leur a été assigné et par les noms mêmes qui leur ont été donnés, etc. « La Cour de Lyon, par arrêt du 5 janvier 1849 (2), a également reconnu le caractère de sentier d'exploitation à une voie rurale qui, par ses extrémités, aboutissait à des chemins vicinaux.

29. A plus forte raison devra-t-on examiner de près la nature de la circulation qui s'opère sur le sentier litigieux lorsqu'au lieu d'aboutir, des deux parts, à des rues, à des grandes routes ou des voies vicinales, ce sentier débouche d'un côté ou des deux à la fois sur des chemins tout pareils à lui. Dans cette hypothèse, la question est évidemment complexe.

Le caractère des faits de passage dépendra d'abord du point de savoir si ce sentier est réellement le prolongement des chemins auxquels il aboutit, et s'il forme avec eux un même système de voies ayant à ses deux extrémités une issue publique. Lorsqu'il n'en est rien, les faits de passage qui des uns

(1) S. 1861. 2. 497.
(2) S. 1850. 2. 166.

s'étenderaient jusque sur l'autre, ne sauraient jamais être envisagés que comme des actes de circulation particulière, plus ou moins tolérés. C'est ce que fait parfaitement ressortir un arrêt de la Cour d'Amiens, du 14 juillet 1863 (1) : « Considérant, à l'égard du prétendu chemin conduisant à Thiers et prenant naissance sur un point de l'avenue de Saint-Georges (le chemin litigieux), qu'il..... n'est qu'une dépendance des propriétés adjacentes, et qu'il n'a jamais été entretenu par la commune ; d'où il suit que si le propriétaire du domaine a laissé passer de ce sentier dans son avenue, cette tolérance n'a pu ôter à ce sentier son caractère privé, et transformer l'avenue de Saint-Georges en un chemin public et communal. »

Quand le chemin litigieux fait, au contraire, un même ensemble avec les autres voies rurales qu'il rejoint, la circulation dont cet ensemble est l'objet doit être encore examinée dans sa destination, selon qu'elle répond à des besoins particuliers ou à des intérêts généraux. Il s'agit de faire ici une appréciation toute semblable à celle dont nous venons de parler à l'occasion des chemins ruraux qui aboutissent directement à des localités publiques.

30. L'instruction ministérielle du 16 novembre 1839 range, on l'a vu (2), au nombre des voies rurales appartenant à la commune, celle « qui donnerait accès à un pâturage communal. » Un paturage de cette sorte est-il un but public pour la fréquentation dont cette voie est l'objet ? Généralisons la question. Une commune ne possède pas uniquement des biens affectés au service public, tels que rues, places, chemins vicinaux, églises, mairie, etc. ; elle peut posséder encore des biens produisant des fruits ou donnant des revenus, tels que bois-forêts, terres, pâtures, fermes, etc. Si les premiers sont imprescriptibles ou inaliénables comme faisant partie du domaine public municipal, les autres ne diffèrent en rien des biens de même genre qui appartiendraient à des particuliers, et sont dès lors aliénables et prescriptibles ; ce sont les biens de cette dernière sorte, possédés par les communes, qu'on nomme généralement *propriétés communales*. Or, le chemin rural qui, du

(1) *Journ. des Aud.* de cette Cour, 1864-65, p. 185.
(2) **V. n° 2.**

chef-lieu de la commune ou d'un groupe de population en dépendant, mène vers une propriété communale, a-t-il par cela même le caractère de chemin public ?

Nous ferons une distinction.

Les propriétés communales sont, sans doute, de même nature quant au droit d'appropriation que la commune y exerce, mais elles ne sont pas toutes sujettes au même mode de jouissance. Quelques-unes, notamment les terres arables, les bois-forêts exploités à des époques plus ou moins fixes au moyen de ventes ordinaires, produisent simplement des revenus qui sont versés à la caisse municipale. Où est, en ce qui touche les propriétés de ce genre, la raison qui les ferait envisager comme but public pour les cultivateurs ou pour les marchands de bois chargés de les exploiter en vertu des conventions de droit commun passées avec les municipalités? C'est l'intérêt privé qui y amène ces cultivateurs, ces marchands de bois ou leurs ayant-cause ; ils n'y vont que pour les besoins de leurs exploitations particulières. Aussi, il est un arrêt de la Cour de Paris, en date du 26 juin 1863 (1), qui ne nous semble pas à l'abri de toute critique ; cette décision a reconnu la publicité d'un chemin rural qui de la commune se dirigeait vers un bois appartenant à celle-ci et exploité de la façon sus-mentionnée. Or, à notre sens, un chemin de cette sorte n'était rien autre chose qu'une voie ordinaire d'exploitation, et, si la commune pouvait y prétendre un droit quelconque, ce n'eût été qu'à titre privé et comme propriétaire indivis, à raison seulement de ce que son bois était bordé par ce chemin.

Nous sommes porté à voir tout autrement les choses, lorsqu'il s'agit de ces biens dits *communaux*, dont les habitants, en cette qualité même, perçoivent les produits en nature, tels les bois-forêts qui seraient régulièrement soumis à l'affouage distribué par têtes ou par feux ; tels, surtout les pacages, landes, bruyères, etc., desquels les lois des 28 août 1792 et 20 juin 1795 ont dit qu'ils « appartiennent, de leur nature, à la généralité des habitants. » Ces bois, ces pâturages, par cela que la jouissance directe en nécessite l'accès par tous les habitants de la commune, pris en cette qualité même, et non comme

(1) D. P. 1863. 2. 189.

particuliers, participent en quelque chose, ce semble, du caractère dont sont incontestablement empreints les biens du domaine public municipal. Tous les habitants, sans exception, ont intérêt à pouvoir aborder les uns et les autres ; et, dès-lors, l'instruction ministérielle susindiquée a donc justement considéré comme ayant un but public les voies rurales qui se dirigent vers les pâturages communaux.

31. Mais elle s'est montrée moins exacte en attribuant un but de même nature aux voies « nécessaires à l'exploitation des différents cantons de terres arables, » c'est-à-dire aux chemins dits *de canton, de contrée, de quartier,* ou encore *chemins voisinaux, septe pour le voisiné* (1). Il y a là une confusion évidente ; tout ce qui précède le démontre. Les chemins en question n'intéressent pas tous les habitants de la commune pris dans leur généralité, mais ceux-là seulement qui sont propriétaires de fonds situés dans les cantons de culture vers lesquels ces chemins se dirigent ; ce sont donc des voies communes formant la propriété de ceux qui s'en servent ; elles rentrent dans la classe des voies d'exploitation, et ne sont publiques à aucun point de vue (2).

32. Il faut en dire autant et par les mêmes motifs des chemins ruraux qui, de la commune ou d'un hameau, se dirigeraient vers un moulin à blé (3) ou vers un pressoir, encore bien que ces locaux industriels seraient achalandés par la généralité des habitants, — ou encore vers l'une de ces fromageries exploitées en communauté dans les montagnes du Jura (4). Il n'y a là que des propriétés privées régies par des particuliers, dans leur intérêt personnel C'est également cet intérêt qui amène les chalands. Ce sont des propriétaires, des producteurs et des

---

(1) V. n° 13.

(2) Cass , 15 fév. 1847 (S. 1847. 1. 456); 24 juin 1856 (Pal. 1858. 613) ; 23 août 1858 (S. 1859. 1. 85) ; Limoges, 2 juill. 1862 (S. 1863. 2. 35) ; Amiens, 7 juill. 1863 (*Journal des Aud.*, 1863-1864, p. 189) ; trib. Clermont-Oise et Cass., 24 janv. 1865 (S. 1865. 1. 125).—*Contrà*, Cass., 20 et non 6 juillet 1809 (S. Chr.) ; 26 août 1825 (*id.*) ; et MM. Garnier, *Législ. et Jurispr. nouvelles sur les Chemins*, p. 101 ; Herman, *Encyclop. du Droit*, v° *Chemin vicin.*, n° 165, 469 ; Flandin, *loc. cit.*

(3) Angers, 26 juill. 1854 et Cass. 5 juin 1855 (S. 1854. 2. 765 et 1856. 1. 444). — *Contrà*, Rouen, 24 janv. 1863 et Cass. 27 avr. 1864 (S. 1864. 1. 212).

(4) *Contrà*, Besançon, 9 janv. 1863 (S. 1863. 2. 79).

consommateurs qui se rendent au moulin, au pressoir, à la fromagerie, ou qui en reviennent; ce ne sont pas des membres de la commune.

33. Telles sont les notions sur ce qu'on doit regarder comme but public pour la circulation dont les chemins ruraux sont l'objet. Mais ce but n'est que la première des conditions servant à caractériser les faits de passages pratiqués sur les chemins dont s'agit ; il ne suffit pas pour cela, nous l'avons vu (1), que ces faits répondent à un intérêt général, il faut encore qu'il y ait, pour les habitants d'une commune, nécessité de les accomplir là où ils les effectuent.

Faisons pour cette seconde condition caractéristique ce que nous avons fait pour la première : voyons-en quelques applications pratiques.

Si l'on ne veut point perdre de vue les intérêts auxquels doivent répondre des faits de passage pour être empreints de publicité, l'on s'apercevra facilement que la nécessité de ces faits sur l'emplacement où ils sont pratiqués, se manifeste par les circonstances suivantes : le chemin est à toutes fins, il est l'objet d'une fréquentation habituelle, l'assiette en est fixe et permanente, et, surtout, il ne forme pas double emploi avec d'autres chemins dont la publicité serait incontestable. Suivant donc que ces circonstances se rencontreront réunies ou qu'elles feront défaut pour le tout ou partie, on sera conduit à admettre ou à méconnaître que les faits de passage sur le chemin sont la manifestation d'une circulation nécessaire pour le public.

34. Ainsi, on se le rappelle, l'intérêt général dont peut-être la circulation effectuée sur un chemin, n'apparaît que lorsqu'elle a pour destination tout à la fois les relations sociales des habitants et les besoins de l'agriculture, du commerce et de l'industrie. Un chemin rural n'est donc nécessaire à ces relations et à ces besoins que s'il peut s'y prêter, s'il est apte au passage de *tous* et au transport de *tout*, à pied, en voiture, avec charrette, avec animaux de somme ou de trait, etc.

Quand, au contraire, par son peu de largeur, il est impropre à supporter tous les modes de passage qu'exigent les relations

(1) V. n° 26.

générales, agricoles, commerciales et industrielles des habitants de la commune et des voyageurs, c'est qu'il n'a jamais servi à ces relations, parce qu'il n'y était pas nécessaire ; ce chemin, par cela seul, doit être exclu de la catégorie des chemins publics (1). C'est ainsi qu'un arrêt de Bordeaux du 18 novembre 1856 (2) dit que « les expressions *sentier* ou *coulée* ne peuvent évidemment désigner qu'un passage privé. » La Cour d'Amiens, dans un arrêt du 15 juillet de la même année (3), a refusé de reconnaître à une voie rurale le caractère de la publicité, parce qu'entre autres circonstances incompatibles avec un tel caractère, le chemin litigieux, à l'une de ses extrémités, « se terminait par un simple sentier. » M. le président Féraud-Giraud (4) cite un arrêt de la Cour de Paris, du 23 août 1861, qui juge qu'un sentier, étroit de 33 centimètres, ne saurait constituer une voie de communication indispensable.

Au surplus, dans la plupart des espèces, il suffit de jeter un coup d'œil sur le terrain pour voir immédiatement que tous les chemins étroits, qui servent uniquement au passage des piétons, et que pour cela l'on appelle *sentes à pied*, n'ont d'autre objet que de doubler des chemins plus larges, mais moins directs, et de permettre aux ouvriers de la culture de se rendre à leur travail quotidien ou d'en revenir par des voies abrégées (5). Tels sont, par exemple, les sentiers qui serpentent au milieu des vignobles, les sentiers dits de *bûcherons* ou de *gardes*, qui traversent les diverses ventes des bois-forêts, les *chemins d'échaliers*, si fréquents dans l'ouest de la France, etc. Cependant, la Cour d'Angers, par arrêt du 28 avril 1841 (6), a déclaré la publicité d'un sentier de cette dernière sorte, par des motifs qui eussent pu sembler plausibles s'ils avaient concerné un chemin à toutes fins, mais que nous ne saurions approuver, s'appliquant à un sentier dont il est dit en la déci-

(1) *Contrà*, MM. Boßt, *Cod. form. des chemins ruraux*, n° 4 ; Dalloz, *Rép. alph.*, v° *Voirie par terre*, n° 1344.

(2) *Journ.* de cette cour, 1856, p. 498.

(3) *Journ. des Aud.*, d'Amiens, 1864-65, p. 120.

(4) *Voies rurales*, p. 64.

(5) Comp. Paris, 23 août 1861 (S. 1861. 2. 497).

(6) D. alph. *ubi suprà*, n° 1340.

sion, « qu'il n'y avait jamais eu, à ses extremités, que des échaliers donnant passage aux gens à pied. » La présence, sur le terrain, de barrières de cette sorte indiquait, au contraire, la volonté persistante qu'avait le maître du fonds de maintenir son droit de propriété sur le sol envahi et de resserrer, dans des limites aussi étroites que possible, le mal auquel provisoirement il ne se sentait pas la force d'opposer une autre résistance (1). Loin donc, que le sentier en question dut être réputé public, il manifestait uniquement un passage empreint de précarité et de tolérance.

35. Qu'un chemin rural soit apte à recevoir tous les modes de passage, c'est déjà bien. Pourtant ce ne serait rien si en réalité il ne les subissait pas habituellement. Quand un particulier prétend avoir acquis par prescription la propriété ou la co-propriété d'un chemin de desserte, l'on comprend qu'il puisse suffire pour cela de quelques faits de passage disséminés dans la période trentenaire, dès qu'ils sont caractérisés et surtout en rapport avec la nature du fonds que ce particulier avait à exploiter. S'agissant, par exemple, d'un bois exploité par coupes à des époques plus ou moins éloignées, le propriétaire de ce bois serait fondé à se prévaloir des faits de passage qui, dans l'intervalle de trente ans, auraient correspondu à la vidange de ces coupes (2). Mais c'est toute autre chose lorsqu'une commune soutient avoir prescrit la propriété d'un chemin rural, à titre de voie publique. En pareil cas, les faits de passage doivent, pendant trente années, avoir été sinon incessants, du moins habituels. On ne concevrait pas, effectivement, comme marquée au coin de la publicité, une voie qui ne serait pas fréquentée. La fréquentation d'un chemin est, à coup sûr, l'un des indices les plus évidents auxquels on reconnait que les faits de passage qui y sont pratiqués, sont dus à la généralité des habitants et que l'emplacement sur lequel ils sont effectués est nécessaire au public.

La voie rurale qui présenterait tous les caractères de

(1) Conf. Amiens, 12 déc. 1850 (*Journ. des Aud.*, 1864-65, p. 188). —V. aussi n° 13.

(2) Comp. Nancy, 23 avr. 1834 (S. 1835. 2. 458) et M. Troplong, *prescript.*, t. 1er. n° 338.

l'abandon et du délaissement, et qui, en tout ou partie, serait à peine tracée, ne se manifesterait donc pas comme nécessaire à la généralité des habitants d'une commune. Il y aurait peut-être là un chemin de desserte, fréquenté à certaines époques déterminées par les besoins périodiques de l'exploitation des fonds riverains, mais il n'y aurait certes pas de voie publique dont la commune soit fondée à réclamer la propriété. Nous ne pouvons donc approuver la doctrine d'un arrêt de Bordeaux du 11 novembre 1848 (1) qui a reconnu la publicité d'un sentier, par cela seul qu'il était situé entre un bourg et un village, bien qu'il eût seulement la largeur d'une sente à pied et qu'à divers endroits la direction en fût « peu accusée » et même « entravée sur certains points par des ruines, etc. » Nous ne regardons pas non plus comme à l'abri de toute critique un arrêt d'Amiens, en date du 4 juin 1861 (2), qui a attribué à une commune la propriété d'un *chemin vert*, « ayant toujours existé dans cet état, » alors surtout que, d'après les constatations de cet arrêt, ce chemin n'avait jamais servi qu'à l'exploitation des terres riveraines.

36. Parmi les circonstances constitutives de la nécessité d'un chemin public rural, la troisième consiste dans l'assiette fixe et permanente de la voie.

Il est évident qu'un emplacement n'est nécessaire à la circulation qui s'y pratique que si cette circulation lui reste fidèle et ne le délaisse pas. Il n'en est plus de même, lorsqu'au contraire le circulation modifie fréquemment son assiette, qu'elle varie dans ses allures ; que, par exemple, la sente disparaît plus ou moins souvent par les labours donnés aux fonds, au long ou au travers desquels les passants l'ont tracée ; qu'une année, elle se montre ici, l'année suivante, là, à quelques pas de distance, sans qu'on puisse jamais assurer que ce soit identiquement au même endroit. Dans cette dernière hypothèse, on pourra bien encore, à la rigueur, prétendre qu'il y a là pour les habitants, une direction d'utilité publique, que les faits de passage dont s'agit en sont l'indice, et qu'à ce besoin constaté la commune doit pourvoir, par l'ouverture d'un chemin vici-

<hr>

(1) S. 1849. 2. 349.

(2) *Journ. des Aud.* d'Amiens, 1864-65, p. 141.

nal, au moyen de l'expropriation ; mais, comment soutenir autre chose ? Comment vouloir que la commune ait pu prescrire dans cette direction la propriété d'un chemin rural ? Quel serait ce chemin ? Serait-ce la voie tracée en dernier lieu, ou celle des années précédentes ? Il n'y aurait certainement pas là la possession continue, non interrompue, trentenaire, qu'exigent les art. 2229 et 2262, Cod. civ. ; car, pour que la prescription soit acquise, il ne suffit pas, à coup sûr, des actes d'une jouissance fugitive et vagabonde ! Les faits de passage pratiqués sur un chemin rural ne peuvent donc pas, au point de vue de la nécessité dont ils seraient pour des habitants, être considérés abstraction faite du sol même sur lequels ils s'accomplissent. C'est ce que nous donne à comprendre un **arrêt** d'Amiens, déjà cité (1), du 15 juillet 1856, et rendu à propos d'un chemin rural dont l'assiette avait souvent varié : « considérant que ce chemin n'est pas d'une utilité générale ; que, dans son état actuel ou dans les autres directions qui ont pu lui être données, il n'a dû être établi que pour la culture des terres qu'il traverse ; que si, par suite d'une tolérance ordinaire dans les campagnes, il a été fréquenté par d'autres que par les propriétaires de ces terres, ce fait ne peut suffire pour engendrer la prescription. » Un arrêt de Douai, du 11 novembre 1857 (2), a également méconnu la publicité d'une voie rurale par les motifs suivants : « considérant..... qu'il est constant au procès que ce passage, sur lequel jamais n'ont été exécutés, par la commune, ni travaux d'art, ni le moindre acte de propriété, a été changé plusieurs fois de direction, modifié et supprimé même... . ; qu'ainsi, au milieu de toutes ces modifications de direction, de toutes ces circonstances si contraires aux prétentions de la commune, en regard des intérêts de l'agriculture et de cette présomption naturelle de liberté qui protège les héritages, on ne saurait voir, dans l'exercice du passage dont il s'agit, une possession *animo domini*, ni à titre public, etc. (3). »

(1) V. n° 34.

(2) Cité par M. Bost, *Cod. formul.* n° 12.

(3) Conf. Amiens, 30 nov. 1868 (S. 1869. 2. 37) ; Dijon, 9 févr. 1870, sous Cass. 21 nov. 1871 (S. 1872. 1. 20).

37. Enfin, la nécessité dont un chemin rural est pour la circulation se manifeste surtout par cette circonstance qu'entre le point de départ et le point d'arrivée, tous deux publics, il est l'unique voie (1) ou, s'il n'est pas la seule, qu'il est du moins la plus avantageuse pour les habitants de la commune, ou qu'en tout cas, il n'y en ait pas une autre qui doive être suivie de préférence par eux.

Par exemple, lorsque deux localités sont mises en communication par plusieurs chemins ruraux, il résulte, d'abord, de ce qui précède, que la question de publicité ne doit et ne peut s'élever que relativement à ceux qui offriraient, d'ailleurs, toutes les conditions de praticabilité, de fréquentation et de permanence voulues. Ensuite, parmi les voies de ce genre, la plus habituellement suivie, la plus directe, celle dont le parcours présente aux habitants le plus de commodités et d'avantages, est évidemment le chemin nécessaire à ceux-ci, le chemin qu'à ce titre, le corps commun a pu acquérir par la prescription. Quant aux autres voies plus ou moins parallèles, il n'existe aucune raison qui puisse les faire regarder comme affectées à l'usage du public : « considérant, dit encore l'arrêt de Douai précité, en date du 11 novembre 1857, que la destination du passage litigieux n'offre aucun caractère de nécessité ni d'utilité publique ; qu'il est même à remarquer qu'à une très-courte distance et presque en ligne parallèle, se trouve un chemin charriable..... » « Considérant, porte l'arrêt d'Amiens du 30 novembre 1868, également cité, que le chemin litigieux qui n'a qu'une longueur totale, sur les deux communes, de 670 mètres, dont 355 sur celle d'Etelfay et 315 sur celle de Favrolles, n'abrège la distance entre les deux villages que pour ceux des habitants d'Etelfay qui demeurent autour de l'église et au-delà ; que pour les autres la voie la plus courte est le chemin de Pierrefont à Rollot et qu'on ne peut dire que celui dont il s'agit soit utile, encore moins nécessaire, à la généralité des habitants (2).

Le chemin rural ne saurait non plus être regardé comme indispensable au passage des habitants, si, parallèlement à lui,

(1) Toulouse, 30 mai 1864, sous Cass. 29 nov. 1856 (S. 1868. 1. 215).
(2) S. 1869. 2. 37.

il existe une grande route ou un chemin vicinal tendant aux mêmes buts avec des différences peu sensibles dans les parcours respectifs. Dans ce cas, la grande route, le chemin vicinal sont les voies nécessaires, puisque c'est précisément en vue de la nécessité dont ils sont pour le public, que l'une a été créée, que l'autre a été classé par l'autorité: « attendu, dit un arrêt d'Agen, du 23 juillet 1845 (1) que, si on considère la nécessité ou du moins l'utilité pour la commune de l'établissement du chemin litigieux, on demeure bien convaincu que son parcours, dans la direction des communes de Thémines et Issendolus, est plus direct et moins long que la voie publique, reconnue par toutes les parties pour aboutir aux mêmes lieux, mais que cette différence de parcours n'est ni assez importante, ni assez indispensable pour avoir déterminé la commune à faire les dépenses nécessaires pour établir cette voie de communication…..; que, sous ce rapport, la commune ne saurait invoquer l'utilité ou le besoin, pour faire présumer la propriété du sol à son profit, etc. »

« Attendu, dit également le jugement précité, du 30 mai 1866 (2), rendu sur appel par le tribunal civil de Beauvais: « attendu que la sente litigieuse aboutit au chemin dit *des Ecoulis*, lequel n'est ni une grande route, ni un chemin vicinal; qu'en outre, ayant, comme cette dernière voie, son point de départ sur le chemin vicinal d'Hanvoile à Senantes, elle fait double emploi avec partie de ces deux chemins, dont elle n'abrège le parcours que de 95 mètres environ; qu'à ce point de vue déjà, elle n'est empreinte, pas plus dans sa cause que dans son but, d'un caractère de véritable utilité; qu'à la vérité, la commune allègue qu'au delà du chemin *des Ecoulis*, la sente en question se prolonge jusqu'au hameau de Grocourt; mais, attendu que ce hameau, composé de quelques habitations particulières, n'est point une de ses dépendances; qu'il fait partie de la commune de Senantes; que c'est, dès lors, avec le chef-lieu de cette commune que les habitants de Grocourt ont naturellement leurs relations publiques; qu'il existe, d'ailleurs, entre Hanvoile et Senantes, d'autres chemins, et,

(1) S. 1846. 2. 250.
(2) V. nᵒˢ 24 et 47.

notamment, un chemin vicinal pour les communications à toutes fins de la première de ces communes avec la seconde, les hameaux de celle-ci, et spécialement avec Grocourt ; que, par ce chemin, dont le caractère public est incontestable, la distance à parcourir entre Hanvoile et Grocourt est seulement de 625 mètres, y compris les 95 ci-dessus, plus longue qu'elle ne l'est par la sente litigieuse ; qu'il n'y a pas là une différence suffisante pour faire apprécier, en tant que nécessaire et comme ayant dès lors un but d'utilité, la circulation qui s'opère sur cette sente, etc. »

A plus forte raison devra-t-on regarder comme dépourvus de la nécessité voulue les chemins ruraux qui, ayant leurs points de départ et d'arrivée sur une même route, sur un même chemin vicinal, forment la corde des courbes que présenteraient ces voies publiques. On ne doit voir là, en pareil cas, que des voies abrégées, créées et maintenues par le passage des voyageurs qui veulent s'éviter un détour. C'est en ce sens qu'a statué un arrêt de Riom, du 7 mars 1844 (1): « attendu qu'il est constant, en principe, que le chemin qui communique par ses deux extrémités à un autre chemin qui est public et qui, pour cela, doit être considéré comme sa doublure, doit, s'il est assis sur une propriété privée, être réputé faire partie de cette propriété....; que le passage doit être présumé de tolérance, et le passage d'un grand nombre d'individus ne peut acquérir servitude ou propriété à la commune.»

38. Il est toutefois une circonstance où, encore bien qu'une voie rurale fasse double emploi avec des chemins dont la publicité est incontestée, elle serait censée, par exception, procurer une assiette indispensable à la circulation publique ; tel le cas où, à des époques périodiques et constantes, la grande route ou le chemin vicinal cesserait, pour un temps plus ou moins long, de se prêter aux exigences de la circulation : comme si, par exemple, cette route ou ce chemin était traversé par un gué que la saison pluvieuse ou encore le flux de la mer rendrait momentanément impraticable (2). Mais l'exception n'est justifiée qu'autant que cette impraticabilité périodique

(1) S. 1844. 1. 404.
(2) V. Bourges, 30 janv. 1826 (S. Chr.).

serait causée par le seul cas fortuit. On ne saurait l'admettre, si l'impossibilité de suivre la voie publique était due au mauvais entretien de cette voie (1). Les communes sont tout au moins obligées de maintenir les chemins qui leur appartiennent en état de viabilité. Elles ne sauraient donc se prévaloir de la négligence qu'elles auraient apporté à l'accomplissement de ce devoir, pour en induire que les voies rurales placées à proximité de leurs chemins laissés à l'abandon, sont devenues nécessaires pour remplacer ceux-ci, et que, dès lors, elles ont pu en prescrire la propriété.

39. On peut à présent comprendre pourquoi des faits de passage sont caractérisés en tant que publics, non moins par la nécessité qu'il y a, pour les habitants d'une commune, de les effectuer là où ils les accomplissent, que par la destination d'intérêt général à laquelle ces faits répondent. Sur chacun de ces caractères, effectivement, se basent des distinctions importantes qu'il est possible de résumer ainsi : c'est par le but public auxquels touchent leurs extrémités que les chemins ruraux affectés à l'usage de tous se distinguent des chemins ruraux d'exploitation ; c'est par la nécessité de la circulation dont ils sont l'objet pour atteindre chacun de ces buts qu'ils se distinguent des simples passages accidentels et de tolérance.

40. Mais cette publicité des faits de passage pratiqués par les habitants n'est pas tout ; elle forme seulement l'un des éléments de la prescription que la commune invoque à son profit. Il en est un second non moins indispensable, on l'a vu (2), à la constitution de cette prescription, et qu'il nous faut maintenant examiner, comme nous l'avons fait du premier : c'est l'intention que, pendant le temps voulu par l'art. 2262, Cod. civ., la commune a dû manifester de posséder *animo domini* le sol sur lequel, d'autre part, s'accomplissaient les faits de passage ci-dessus.

41. Parmi les actes de nature à manifester cette intention, l'un des plus significatifs, à coup sûr, à raison des formalités

(1) Poitiers, 30 prair. an 13 (S. Cbr.) ; Amiens, 31 juill. 1855 (*Journ. des Aud.* de cette Cour, 1864-65. p. 118).

(2) V. n° 22.

qui le précèdent, consiste dans le classement, par arrêté préfectoral, du sol en question en tant que chemin public rural.

Cet arrêté intervient, en effet, à la suite de la proposition faite par le maire d'immatriculer la voie dont s'agit en l'état des chemins publics ruraux de la commune. La proposition du maire a dû, aux termes de l'instruction ministérielle du 16 novembre 1839, rester déposée pendant un mois à la mairie. Avis en a été donné par publications et affiches à tous les intéressés, afin qu'ils aient à en prendre connaissance et, au besoin, à formuler les observations et les oppositions que cette mesure soulèverait de leur part. Les réclamations que ceux-ci présentent sont recueillies par le maire qui en dresse procès-verbal. Ces réclamations et la proposition qui y a donné lieu, sont ensuite soumises au conseil municipal qui délibère et qui, s'il est d'avis que le chemin doive figurer en l'état de ses voies publiques, l'exprime, et manifeste ainsi la volonté qu'il a, au nom du corps commun, de posséder le chemin en question *animo domini*.

Il y a donc évidemment là, au point de vue dont nous nous occupons, c'est-à-dire de l'intention que la commune aurait manifestée de posséder, à titre de propriétaire, la voie classée, un élément important de la prescription. Aussi, est-ce avec juste raison que la jurisprudence admet que si, considéré isolément, l'arrêté du préfet, qui classe un chemin comme public rural, est impuissant pour attribuer la propriété de cette voie à la commune de la situation (1), il exerce du moins, lorsqu'il est corroboré par les autres documents de la cause, une légitime influence sur les questions de propriété et de possession qui concernent le chemin (2).

Toutefois, pour que cet arrêté puisse être admis comme l'un des éléments de la possession acquisitive, il faudrait évidemment qu'il fût intervenu avant toute contestation dirigée contre les prétentions de la commune (3), sinon la jouissance de

(1) V. nº 7.

(2) Cass. 27 avr. 1864 (S. 1864. 1. 212); 16 avr. 1866 (S. 1866. 1. 321); — v. aussi en ce sens, notre *Traité de Droit rural appliqué*, nº 613.

(3) Amiens, 12 déc. 1850 (*Journal des Audiences* de cette Cour, 1864-65, p. 188) ; Rouen, 2 avr. 1856 (S. 1857. 2. 387).

celle-ci, n'ayant pas été paisible, ne serait pas susceptible de servir de base à la prescription (1).

Nous regarderions également comme dépourvue de toute valeur acquisitive, au point de vue de la possession légale, une simple délibération du conseil municipal, encore bien que la voie litigieuse y fût revendiquée en tant que chemin public, si cette délibération n'a point reçu l'approbation préfectorale, sous forme d'arrêté portant classement du chemin dont s'agit, si surtout elle n'a point été précédée ou suivie de publications qui aient eu pour objet d'éveiller l'attention des intéressés et de les mettre en demeure de produire leurs réclamations. Dans le premier cas, en effet, il y a, de la part du conseil municipal, un simple avis qu'aucune mesure d'exécution n'a suivi; dans le second cas, si l'intention de posséder a été exprimée par les représentants de la commune, elle ne s'est pas du moins manifestée publiquement. Il n'en résulte, dès lors, aucune contradiction aux droits que les propriétaires riverains prétenderaient, d'autre part, avoir toujours exercés sur la voie rurale.

42. Les autres éléments de la possession acquisitive de nature, comme le dit la jurisprudence précitée, à *corroborer* l'arrêté de classement, là où il peut être invoqué, ou même à y suppléer, là où il ferait défaut, sont évidemment tous les actes qui se rapprochent plus ou moins du genre de cet arrêté; c'est-à-dire tous ceux qui, pareillement à lui, manifesteraient aux yeux de tous l'intention que la commune aurait eue, depuis trente années au moins, de posséder, à titre de propriétaire, le chemin foulé par ses habitants. Par là nous entendons parler de tous actes de voirie et de surveillance accomplis sur le chemin par l'autorité municipale.

Ainsi la commune pourrait se prévaloir, par exemple, des travaux d'entretien, de réparations, d'empierrement, etc., qui auraient été exécutés, sur la voie litigieuse, d'après l'ordre du maire (2), ou de fossés creusés et entretenus, de bornes plantées par les soins de la commune et de ses autorités pour le maintien de la largeur constante du chemin. Mais, tous ces

(1) C. civ. 2229.

(2) Dijon, 30 juill. 1840 sous cass. 14 févr. 1842 (S. 1842. 1. 363); cass. 16 avr. 1866 (S. 1866. 1. 321); Dijon, 9 févr. 1870 sous cass. 21 nov. 1871 (S. 1872. 1. 20).

travaux, il faudrait qu'il fut bien prouvé qu'ils auraient été exécutés réellement par la commune ou pour elle et en son nom. Si cette preuve ne pouvait être faite, ils seraient présumés être, au contraire, l'œuvre des propriétaires riverains ; déjà nous l'avons fait observer (1), et dès lors ceux-ci seraient fondés à les opposer à la commune comme manifestant le droit de propriété qu'ils auraient conservé sur le sol du chemin.

43. La commune pourrait baser encore ses prétentions sur une série d'arrêtés de police municipale publiés antérieurement à la contestation et ayant la voie litigieuse pour objet, lesquels y auraient ordonné le curage des fossés latéraux, l'élagage des haies et arbres la bordant, — ou y auraient interdit de bâtir sans prendre l'alignement du maire ; y auraient, en conséquence, donné des alignements (2) — ou encore y auraient prescrit la suppression des barrières et obstacles placés par les riverains pour gêner ou empêcher le passage (3).

44. Il en serait de même d'une série de procès-verbaux de contravention dressés au nom de la commune, à diverses époques plus ou moins anciennes, pour usurpations commises, ou pour dépôts et embarras effectués sans nécessité sur le chemin (4). A la vérité, l'arrêt de Paris, du 11 mars 1871 (5), se prononce dans le sens contraire : « attendu... qu'en admettant que le maire, agissant en cette qualité, ait fait dresser contre les époux Latxague un procès-verbal pour voies de fait exercées d'une manière préjudiciable à la liberté de circulation dans l'un des chemins, cet acte ne saurait être invoqué d'une manière utile dans le procès, la police pouvant appartenir à un maire, même dans des chemins non communaux et non publics, pour la sûreté de ceux qui ont seuls le droit d'y circuler. » — Mais nous ne saurions partager cette opinion. Sans doute, le maire a des droits de police sur les chemins privés, tout comme sur les chemins publics. Toutefois, ces droits diffèrent du tout au tout, suivant qu'ils concernent les uns ou les au-

(1) V. n° 25.
(2) Lyon, 17 fév. 1846 (S. 1846. 2. 485.)
(3) Bordeaux, 11 nov. 1848 (S. 1849. 2. 350).
(4) V. Cod. pén. 471 4° et 479, 11°, 12°. — Lyon, 17 févr. 1846 précit.
(5) S. 1861. 2. 497.

tres. C'est seulement sur les chemins publics que le maire est autorisé par la loi à prendre des mesures pour le maintien de la libre circulation. Quant aux chemins privés, il ne saurait intervenir qu'autant que, sur une voie de cette sorte, il existerait des fondrières ou des ravins dangereux pour la sûreté et la vie des passants. Encore, la seule mesure de police qu'il lui serait alors permis de prendre, serait d'ordonner la mise en clôture des chemins, tout comme, par exemple, il pourrait également et pour la même cause, ordonner la clôture des carrières et des excavations béantes au milieu des campagnes. Il ne pourrait rien de plus ; il n'aurait pas, notamment, le droit de prescrire la réparation de la voie non plus que d'en ordonner le maintien, au cas où il aurait plu à l'un des riverains de la rétrécir ou de la supprimer. Des faits de cette dernière sorte pourraient bien motiver des actions civiles entre les particuliers intéressés à la conservation de la voie ; ils ne justifieraient pas l'exercice du pouvoir de police qui est attribué au maire sur les chemins (1). Lors donc que c'est pour obstacles apportés à la libre circulation sur un chemin rural, que le maire a fait dresser procès-verbal, il en ressort qu'il regardait le chemin en question comme public, et affirmait par cela même un droit de propriété au profit de la commune. Des actes de cette sorte ne sauraient, dès lors, être sans influence sur l'établissement de la prescription.

45. Que penser, au même point de vue, de cette circonstance que la voie litigieuse serait indiquée ou non au plan cadastral ?

Nous admettons bien qu'en pareil cas, ce plan puisse être invoqué pour ou contre la commune, à titre de renseignement, d'adminicule de preuve, sur certains points de faits d'où dépendraient plus ou moins l'ancienneté, la nécessité du passage sur la voie en question. Il est certain que si, par exemple, le tracé de cette voie est marqué au plan en lignes nettes, on en peut induire qu'à l'époque plus ou moins ancienne de la confection de cette œuvre, la voie existait déjà et que la circulation dont elle était l'objet, en avait accusé le parcours (2).

(1) V. notre *Traité de Droit rural appliqué*, nos 621, 1431 et 1433.

(2) Comp. Amiens, 4 juin 1861 et 14 juillet 1863 (*Journ. des aud.*, 1864-65, p. 141 et 185).

Mais, quant à d'autres conclusions, d'où serait-il possible de les tirer ? Ce n'est pas des autorités municipales qu'émane le cadastre, et, dès lors, on ne saurait en considérer les indications comme manifestant l'intention de ces autorités de posséder la voie pour le corps commun. Ces indications sont d'ailleurs parfaitement équivoques. Les géomètres du cadastre ont compris en leurs plans tous les chemins ruraux alors existants, dès que les traces en étaient suffisamment apparentes, et ils l'ont fait pour ceux qui ne répondaient alors qu'à des intérêts communs, c'est-à-dire pour les chemins de canton, de quartier ou même pour les simples sentiers d'exploitation, tout aussi bien que pour les chemins réellement affectés à l'usage du public. Le plan cadastral ne saurait donc jamais être, par lui seul, un titre de propriété pour la commune ; si les prétentions de celles-ci étaient fondées uniquement sur les indications de ce plan, elles ne seraient pas suffisamment justifiées (1).

46. Au surplus, la commune n'aurait réellement manifesté, par le classement du chemin rural et par ses autres actes de voirie, l'intention qu'elle a de posséder ce chemin comme voie publique, que si sa jouissance avait été exclusive et si elle avait réprimé tous les faits opposés des riverains. L'équivoque, au contraire, subsiste sur cette intention, toutes les fois qu'aux actes de voirie de la commune, les riverains entremêlent des actes de propriétaires ; comme si, par exemple, étant imposés pour l'emplacement du chemin, ils en paient la contribution foncière ; s'ils y ont toujours fait les travaux de réparation, d'entretien, ou construit les ponts et ponceaux nécessaires au passage ; si, surtout, ils en ont labouré le sol ; qu'ils y aient fait des dépôts d'engrais et de matériaux, coupé des herbes, enlevé des gazons, du gravier, etc., sans qu'à raison de ces derniers faits, la commune ait dirigé contre eux des poursuites suivies de condamnations, etc. On sait, effectivement, que la possession exclusive peut seule servir de base à la prescription (2). La possession entrecroisée d'un chemin rural par la commune et les riverains, laisserait donc subsister dans toute

(1) Amiens, 30 nov. 1868 (S. 1869, 2. 37) ; Dijon 9 févr. 1870 sous cass. 21 nov. 1871 (S. 1872, 1. 20) ; Paris, 3 juill. 1872 sous cass. 17 juin 1873 (S. 1873. 1. 265). — Conf. M. Féraud-Giraud, *voies rurales*, n° 52.

(2) V. Douai, 23 juin 1842 (S. 1843. 2. 8) ; Cass. 7 févr. 1843 (S. 1843. 1. 785) ;

sa vigueur la présomption de propriété qui milite en faveur de ces derniers (1).

47. Enfin, il faut bien s'entendre. Même en admettant que les actes de voirie et de surveillance effectués par la commune soient, pendant tout le temps exigé par la loi, exclusifs de la jouissance des riverains, ces actes n'ont de véritable efficacité que s'ils s'appliquent à un chemin rural qui serait en même temps réellement fréquenté par le public. C'est à ce prix, c'est à cette dernière condition, qu'ils exercent sur les questions de propriété et de possession, concernant ce chemin, l'influence que leur attribuent les arrêts de cassation susmentionnés des 27 avril 1864 et 16 avril 1866 (2). Cette influence qu'il est effectivement juste de reconnaître à l'arrêté préfectoral de classement et aux actes équivalents de voirie, ils l'ont, ainsi que cela vient d'être dit, uniquement en ce sens que, depuis leur date, ils manifestent l'intention de la commune, de posséder la voie *animo domini*; mais ils ne peuvent faire et ne font pas que la circulation pratiquée sur la voie litigieuse ait un caractère public. C'est d'ailleurs, c'est, spécialement, du but d'utilité sociale vers lequel tendent les habitants de la commune, en fréquentant la voie, c'est de la nécessité dont est le chemin pour accéder vers ce but, que dérive le caractère dont s'agit. La commune qui réclame à son profit soit la propriété, soit plus simplement la possession d'une voie rurale, ne devra donc pas se contenter d'opérer le rapprochement de l'arrêté de classement et des actes équivalents, avec le passage même immémorial de ses habitants sur cette voie. Il faudra encore que, d'autre part, il soit constant que ce passage est réellement marqué au coin de la publicité. Qu'importerait, par exemple, qu'une voie, depuis plus de trente ans, ait été classée comme rurale publique, que, depuis un temps même immémorial, elle ait été entretenue par la commune, si elle n'a jamais eu pour destination que l'exploitation des héritages; si, à raison de ce qu'elle fait double emploi avec une grande route ou un chemin vicinal, elle n'est pas d'une véritable utilité pour

23 mai 1855 (S. 1856. 1. 401); 22 juillet 1856 (S. 1856. 1. 910), et M. Troplong, *prescript.*, t. 1, nos 243 et 244.

(1) Comp. M. Bost, *Cod. formul. des Chem. rur.*, no 8.

(2) V, no 41.

les habitants ; si elle n'a pas eu constamment une assiette fixe ;
s'il résulte de sa situation et des signes locaux qu'elle constitue
uniquement un passage empreint de précarité et de tolérance,
etc., etc. ! C'est en ce sens que s'est prononcé le jugement déjà
cité (1) du tribunal civil de Beauvais, en date du 30 mai
1866 : « attendu, au point de vue de l'intention que la commune aurait manifesté de posséder, par le fait de ses habitants,
la sente litigieuse d'une manière non équivoque et à titre de
propriétaire, qu'on ne saurait faire résulter cette intention de
la délibération du conseil municipal d'Hanvoile, en date du 7
prairial an XII, laquelle est une mesure d'administration inté-
rieure, non plus que de l'arrêté préfectoral du 30 janvier 1841
qui, s'il a été publié, ne s'applique pas au chemin en question
dans tout son parcours actuel (2) ; — attendu, d'ailleurs, qu'en
fût-il autrement, cette délibération et cet arrêté n'auraient
produit effet que s'ils eussent concerné un chemin véritablement affecté à la circulation publique ; qu'une affectation de
cette sorte est, en pareil cas, la base indispensable de toute
possession au profit de la commune de la situation ; mais
que, dans l'espèce, les faits de passage effectués par les habitants d'Hanvoile n'offrent pas, comme il est ci-dessus établi, le
caractère d'une circulation publique, etc. »

48. Ainsi, faits de passage effectués dans un but public par
la généralité des habitants d'une commune ; actes de voirie et
de surveillance exercés par les autorités municipales et d'où
résulte, de la part du corps commun, l'intention de posséder
animo domini le sol foulé par les habitants ; concomitance nécessaire de ces faits et de ces actes pendant tout le temps exigé
pour la prescription : voilà à quelles conditions la commune
de la situation, en l'absence de toute présomption légale existant en sa faveur, aura acquis la propriété d'une voie rurale,
en tant que chemin public.

Et maintenant, si cette propriété lui est contestée par un
riverain, la commune se trouve en face d'un adversaire qui, à
l'opposé d'elle, peut se prévaloir d'une présomption légale ; il
nous reste à les voir agir l'un contre l'autre.

(1) V. n°⁸ 24 et 37.

(2) Il était constaté que l'assiette du chemin litigieux n'était plus alors ce
qu'elle avait été au moment de l'arrêté de classement ; elle avait varié.

§ 3°.

Des preuves à faire par le riverain et la commune à l'appui de leurs prétentions respectives, suivant qu'ils seront engagés au possessoire ou au pétitoire.

49. La question doit être examinée, suivant que l'action est engagée au possessoire ou au pétitoire.

50. Au possessoire, la présomption qui résulte de l'art. 546 du code civil, peut servir de base à la possession annale dont se prévaut le propriétaire riverain.

51. Des preuves que, dans ce cas, doit faire la commune pour établir que, depuis une année au moins avant le trouble, sa possession s'est substituée à la jouissance originaire du riverain.

52. Au pétitoire, le propriétaire riverain qui antérieurement a succombé au possessoire, peut-il encore invoquer à son profit la présomption de l'art. 546 ? — Examen de la jurisprudence sur ce point.

53. Il peut s'en prévaloir au cas où, sans passer par le possessoire, il s'est pourvu directement par la voie pétitoire.

54. Dans l'hypothèse où le riverain qui a d'abord succombé au possessoire, ne serait plus fondé à invoquer la présomption de l'art. 546, il n'est pas exact de dire qu'au pétitoire il ne peut opposer que des titres à la possession de la commune.

55. Il peut toujours démontrer que les faits de passage et les actes de voirie articulés par la commune comme origine et base de sa possession, ne présentent pas les conditions voulues pour être acquisitifs de la propriété du chemin en tant que chemin public.

56. De l'hypothèse où le propriétaire riverain, ayant triomphé au possessoire, serait défendeur au pétitoire ; il suffit à ce propriétaire de se retrancher derrière les présomptions, jusqu'à preuve contraire, qui militent en sa faveur.

57. La nature et le caractère des faits acquisitifs dont se prévalent les communes sont appréciés souverainement par les juges du fait ; leur décision sur ce point échappe au contrôle de la cour de cassation.

58. Mais ce contrôle devrait s'exercer sur toute décision qui refuserait de reconnaître ou d'appliquer la présomption de l'art. 546 du code civil.

59. Conclusion : les principes ci-dessus tendent uniquement à faire distinguer, parmi les voies rurales, celles qui sont publiques de celles qui sont privées et n'autorisent la suppression d'aucune de celles-ci, tant que son existence est utile aux héritages riverains.

49. Nous retournons à notre point de départ, au moment où le propriétaire riverain, à la suite du sursis que lui a imparti le juge de simple police, engage avec la commune le débat civil, concernant la propriété de la voie rurale (1). La question est de savoir quelle preuve il doit fournir, pour se faire reconnaître, à l'exclusion de celle-ci, propriétaire de la voie et justi-

(1) V. n° 4.

fier ainsi l'entreprise qu'il a commise sur le sol de ce chemin ?

Maintenant, les prémisses sont posées, les conséquences suivent d'elles-mêmes. Elles vont se dérouler selon que le moyen employé par le riverain pour faire triompher ses prétentions, sera l'action possessoire ou l'action pétitoire.

50. Si le riverain, ainsi que cela est naturel, considérant le procès-verbal de contravention dirigé contre lui comme un trouble à sa jouissance, se pourvoit d'abord par la voie de la complainte, il pourra sans doute trouver dans les énonciations de ses titres la base de la possession annale dont il se prévaudra ; mais il la trouvera, en tout cas, dans la présomption que l'art. 546 du Code civil établit en sa faveur. Cette présomption n'est sans doute la preuve que d'une possession ancienne, originaire ; mais il est de principe que la possession se conserve et subsiste tant qu'elle n'a pas été intervertie. Il lui suffira donc, au besoin, d'invoquer cette présomption et d'alléguer que, dès lors, il possédait virtuellement, tout au moins, par sa seule volonté, *animo nudo*, le sol du chemin, depuis plus d'une année au moment du trouble, pour que, si rien ne vient faire céder la présomption, il doive être maintenu dans sa jouissance. Les arrêts des 29 novembre 1865, 16 avril 1866 et 15 juin 1868, précités (1), ne sont en rien contraires à cette solution.

Si, en effet, tout en reconnaissant l'existence de la présomption dont il s'agit, ils n'en admettent pas l'efficacité, c'est uniquement pour le pétitoire et dans le cas où, le résultat de l'action en complainte ayant été défavorable au riverain, il s'en est suivi au profit de la commune une présomption générale de propriété supérieure à celle toute spéciale que celui-là pouvait originairement invoquer. Mais tant que l'on en est seulement au possessoire, rien de pareil ne s'est encore produit. La présomption de l'art. 546 a toute sa vigueur et ne saurait céder que devant la preuve contraire.

51. Cette preuve, c'est naturellement à la commune défenderesse à l'opposer et à s'efforcer de la faire prévaloir. De quelle façon s'y prendra-t-elle ? Comme, ce qu'elle doit rendre évident, c'est que, une année au moins avant le trouble, sa possession s'était substituée à la jouissance originaire du riverain, elle

(1) V. nᵒˢ 17 et 52.

aura nécessairement à prouver que, dès cette époque, le chemin litigieux était déjà affecté à l'usage du public ; car cela est la conséquence de ceci : plus haut, nous l'avons fait observer (1).

Toutefois, pour établir le fait d'où cette conséquence dérive, il résulte également de ce qui précède qu'il ne suffira pas à la commune, soit d'invoquer isolément l'arrêté préfectoral qui a immatriculé la voie litigieuse en l'état de ses chemins publics ruraux (2), ou des faits purs et simples de passage pratiqués depuis l'année et plus par ses habitants (3), soit de se retrancher derrière les énonciations contenues aux titres et actes privés émanés de son adversaire ou de ses auteurs (4), ou au plan cadastral (5). Il ne suffira même pas à la commune de rapprocher l'arrêté préfectoral et autres actes équivalents de voirie, des faits de passage effectués sur le chemin litigieux, si ces faits ne sont pas par eux-mêmes empreints d'un caractère public (6). Ce qu'il faudra, c'est que la commune prouve tout à la fois ce caractère public des faits de circulation et l'intention qu'elle avait de posséder le chemin à titre de propriétaire (7). A cette condition seulement, elle aura fait céder la présomption dont se prévaut le propriétaire riverain.

A plus forte raison, devrait-elle faire cette double preuve, si, au lieu d'opposer à l'entreprise originaire de son adversaire sur le chemin litigieux un procès-verbal de contravention, dont les suites forcent celui-ci de prendre l'initiative d'une revendication, elle y avait répondu en se pourvoyant directement par l'action en complainte ; ce serait la conséquence du rôle de demanderesse qu'elle aurait accepté (8).

Voilà pour le possessoire.

52. La position sera-t-elle la même au pétitoire ? Et, si l'action est intentée par le riverain, y sera-t-il également fondé à s'appuyer, jusqu'à preuve contraire, sur la présomption de l'art. 546 ?

Les arrêts précités (9) des 29 novembre 1865, 16 avril 1866 et 17 juin 1868 se prononcent nettement pour la négative. Ils en donnent pour motif que, dans les espèces où ils

---

(1) V. no 6. — (2) V. no 7. — (3) V. no 22. — (4) V. no 24. — (5) V. no 45. — (6) V. no 47. — (7) V. no 25 et suiv.

(8) Cass. 7 août 1834 S. 1835. 1. 769.

(9) V. no 17.

sont intervenus, le demandeur ne s'étant engagé au pétitoire qu'après avoir succombé dans son action en complainte, la commune se trouvait dès lors avoir la possession « certaine » du chemin litigieux, et que, devant la présomption prépondérante de propriété qui résultait de cet état de choses pour la commune victorieuse, la présomption simple dont voulait se prévaloir le riverain avait nécessairement disparu. Cette solution rentre, d'ailleurs, dans cette jurisprudence de la Cour suprême d'après laquelle, lorsque l'une des parties a la possession exclusive du terrain litigieux, cette possession et la présomption de propriété qui en résulte, ne peuvent céder qu'à un titre de propriété ou à la prescription (1).

Cette jurisprudence n'est pas, toutefois, si solidement établie qu'elle n'ait subi des atteintes de la juridiction de qui elle émane. Ainsi, dans une espèce, une commune avait succombé au possessoire relativement à des fossés bordant une voie publique de laquelle la propriété ne lui était pas contestée. Plus tard, ayant revendiqué ces fossés au pétitoire, elle vit sa prétention accueillie, bien qu'elle se fut fondée *uniquement* sur la présomption de propriété résultant, à son profit, dans les termes de l'art. 546, Code civ., de la contiguité de son chemin : « Attendu, porte un arrêt de la Chambre civile du 22 août 1866 (2), que, si, à la suite de l'instance au possessoire engagée entre les parties, l'association des arrosans d'Orgon a été maintenue en possession des fossés litigieux, la commune de Mollèges était recevable, au pétitoire, à établir, *par tous moyens de droit*, qu'elle en avait la propriété ; — attendu que l'arrêt attaqué constate, en fait, que les fossés dont s'agit, à raison de leur situation et de leur destination, étaient des accessoires des chemins publics le long desquels ils se trouvent, et que la propriété de ces chemins n'était pas contestée à la commune ; — attendu qu'en décidant, en ces circonstances, que les dits fossés appartenaient, comme les chemins dont ils dépendaient, à la commune, l'arrêt s'est fondé sur ce principe incontestable qui veut que l'accessoire suive le principal et n'a, par conséquent, violé aucune des lois invoquées, etc. » Dès, en effet, que ce principe est inscrit en l'art. 546, il semble

<hr>

(1) Cass. 10 janv. 1860 (S. 1860. 1. 340). et les autorités citées à la note.
(2) S. 1867. 1. 167.

qu'il équivaut à un titre de propriété et, à y bien penser, on ne voit pas bien pourquoi, il devrait, comme le veulent les arrêts de 1865, 1866 et 1868, céder devant cette autre présomption résultant de la maintenue possessoire. En tout cas, il est certain que le contraire se trouve jugé par la décision du 22 août 1866 que nous venons de reproduire.

Mais enfin admettons, malgré l'autorité de ce dernier arrêt, que la doctrine des trois autres doive prévaloir; aura-t-elle son application dans toutes les hypothèses?

53. Sera-t-elle applicable, notamment, au cas où le riverain se sera pourvu directement par la voie pétitoire? Nous ne le pensons pas.

Il ne faut point oublier qu'en cette matière le droit d'une commune a pour seule cause des faits acquisitifs d'une nature déterminée, caractéristiques de l'affectation de ce chemin à l'usage du public. On conçoit bien, alors, que le maintien possessoire de la commune dans la jouissance du chemin implique provisoirement l'existence de ces faits, et que cette existence présumée puisse être considérée comme inconciliable avec la présomption qui dérive pour l'adversaire de l'art. 546. Mais comment en serait-il de même, si la situation possessoire n'a pas été réglée en faveur de la commune par le juge compétent, et si elle résulte uniquement de ce qu'il a plu au riverain de se pourvoir tout d'abord par la voie pétitoire? Sans doute, dans cette seconde hypothèse, celui-ci aura toujours à faire la preuve de son droit de propriété, c'est une suite naturelle de l'initiative qu'il a prise (1). Ici, toutefois, qu'on veuille le remarquer, il n'aura plus à combattre cette possession « certaine, » déterminée dors et déjà dans ses éléments constitutifs ; et, dès lors, où est la raison qui l'empêcherait tout d'abord de s'étayer sur le titre légal que lui fournit l'art. 546 ? Dénier ce droit au riverain par cela seul qu'il lui a convenu de se pourvoir directement par la voie pétitoire, en négligeant le préalable possessoire, ce serait à coup sûr méconnaître l'unique cause pour laquelle un chemin rural peut être approprié par la commune. On ne ferait plus dépendre cette appropriation de l'affectation réelle du chemin à l'usage du public, mais seulement de l'acquiescement que le riverain donnerait aux préten-

(1) Cass. 15 juin 1868 (S. 1869. 1. 29).

tions de la commune. Or, plus haut nous l'avons établi (1) cet usage n'est point, par cela seul que le riverain en aurait plus ou moins bénévolement admis l'existence ; il ne sera que s'il est réellement constitué, d'autre part, au moyen des faits acquisitifs dont il est parlé ci-dessus.

54. Revenons à l'hypothèse des arrêts de 1865, 1866 et 1868, à celle ou il a été jugé que, la possession de la commune étant devenue « certaine » par le résultat de l'action en complainte, le riverain, demandeur au pétitoire, ne peut plus tout d'abord s'étayer de la présomption de l'art. 546. Des termes de cette décision il semble résulter qu'à une possession de ce genre des « titres » seuls pourraient être opposés. Sans doute, il sera permis au riverain d'établir, à l'aide de titres, que la possession de la commune, dans un ou plusieurs de ses éléments constitutifs, n'a ni la continuité, ni la durée voulue pour être acquisitive de prescription ; par exemple, que c'est depuis moins de trente ans que le chemin a été tracé ou a été prolongé vers un but d'utilité publique, ou que l'assiette en est devenue fixe et permanente, ou enfin que la commune a manifesté l'intention de posséder le sol de la voie, cemme propriétaire, à titre de chemin public.

55. Toutefois, pour en arriver là, des titres sout-ils absolument indispensables? A des faits acquisitifs, base de la propriété présumée de la commune, ne suffit-il pas d'opposer des faits contraires, et notamment ceux d'où résulterait, soit l'interruption plus ou moins prolongée, plus ou moins volontaire, du passage effectué par les habitants, soit l'abandon que la commune aurait fait du chemin en tant que voie publique et, par suite, sa renonciation au droit de propriété dont elle n'avait été investie qu'à raison de l'affectation antérieure de ce chemin, affectation désormais disparue? Cela n'est pas douteux.

Il y a plus; c'est dans ses fondements même et par tous les moyens que le riverain peut attaquer la jouissance de la commune, et cela nonobstant la maintenue possessoire dont elle a été l'objet. On sait, en effet, que les décisions au possessoire n'ont point au pétitoire l'autorité de la chose jugée, et que, bien qu'au premier aspect, des faits aient été envisagés comme acquisitifs de possession, ils peuvent, au second point de vue,

être regardés comme ne pouvant servir de base à la prescription (1). Le riverain aura donc encore la faculté de contester
même le caractère public et, par conséquent, l'efficacité acquisitive de la circulation pratiquée sur le chemin litigieux par
les habitants, et il le ferait certainement avec succès, s'il dé-
montrait, par exemple, que, bien que classée par arrêté du
préfet, la voie litigieuse n'a pas une destination d'intérêt général; ou qu'encore bien que, par ses extrémités, elle fasse communiquer ensemble deux voies ou deux localités publiques,
ces voies et ces localités sont déjà mises en contact, sans
augmentation notable de parcours, par d'autres chemins d'intérêt général, tels que grandes routes ou chemins vicinaux,
avec lesquels le chemin litigieux ferait double emploi sans
véritable nécessité. Des preuves de cette sorte établiraient
naturellement que c'est l'exploitation et la desserte des fonds
bordés ou traversés par le chemin litigieux, qui forment l'objet principal du passage exercé par les habitants; elles ren-
draient dès lors toute vigueur à la présomption qui dérive de
l'art. 546 au profit du maître de ces fonds.

56. Jusqu'à présent nous avons admis que, dans sa lutte
possessoire contre la commune, celui-là aurait succombé.
Pourtant, lorsqu'il n'en est rien, que le riverain, au contraire,
a triomphé, c'est la commune, si elle ne s'avoue pas définitive-
ment vaincue, qui doit saisir le juge du pétitoire. La situation
est alors complétement favorable au riverain, puisque, vis-à-vis
de l'agression de la commune, il n'a rien autre chose à faire
qu'à se retrancher, tout à la fois, et derrière la présomption
ci-dessus et derrière celle également forte qui résulterait à
son profit de la maintenue dans la possession de la voie rurale.
La commune, alors, a tout à faire, tout à prouver (2). Elle ne
fera sortir son adversaire de la position presque inexpugnable
que ces présomptions assurent à celui-ci, que si elle établit à
son propre avantage l'existence trentenaire de ce double ordre
de faits, du concours desquels, nous l'avons vu, peut résulter
l'appropriation d'un chemin rural, en tant que voie publique,
par la commune de la situation.

(1) V. *Tabl. gén.* Devill. et Gilb., v° *Chose jugée*, n°ˢ 141 et suiv.; *Tabl.
décenn.*, *eod.* *verb.*, n°ˢ 37 et suiv.; *Répert. gén. pal.* et *Suppl.*, id. n° 195 et
suiv.
(2) Cass. 16 juin 1858 (S. 1859. 1. 624).

57. Faisons observer, en finissant, que la nature plus ou moins publique des faits de passage effectués par les habitants sur le chemin litigieux, que l'efficacité des actes de voirie par lesquels la commune entend manifester son intention de posséder, dépendent uniquement du rapprochement des faits et des documents de la cause. Il n'y a là qu'une appréciation du caractère plus ou moins réel de la possession invoquée par la commune. Or, une appréciation de cette sorte rentre dans le pouvoir souverain des juges du fait, c'est-à-dire des tribunaux civils et des cours d'appel ; elle échappe au contrôle de la Cour de cassation (1).

58. Mais ce contrôle devrait, au contraire, s'exercer, au cas de pourvoi, sur toute décision de ces tribunaux et de ces cours, qui aurait refusé de reconnaître l'existence ou l'efficacité de la présomption militant au profit des propriétaires riverains et tirée de l'article 546 du Code civil. Il y a là évidemment une question de principe. La cour suprême devrait donc d'abord décider en droit si la présomption existe ou non, et, au cas où, comme nous le croyons, elle admettrait cette existence, elle aurait à résoudre cet autre point de savoir si, dans l'état des faits constatés par la décision attaquée, le propriétaire riverain se trouvait dans l'une de ces hypothèses où il pouvait à bon droit se prévaloir de la règle de l'article ci-dessus.

59. Tels sont les principes qui régissent la propriété des chemins ruraux ; telles sont aussi les applications les plus importantes qu'en a faites la jurisprudence. Sans doute, ces principes ne sont pas de nature à favoriser toutes les prétentions des communes ; car ce sont ceux de la prescription, dont les termes sont déterminés par la loi elle-même, et qui, dès lors, n'ont rien d'élastique ni d'arbitraire. Mais ils constituent une base certaine et inébranlable pour les droits des communes, lorsqu'elles revendiquent des voies rurales qui, réellement affectées à l'usage du public, auraient été, pendant le temps voulu, possédées par elles *animo domini*.

Que, pour essayer de soustraire les chemins ruraux à l'empire de ces règles, on ne dise pas que, si elles venaient à prévaloir,

(1) Cass. 6 déc. 1841 (S. 1842. 1. 39) ; 16 juin 1858, précité.

elles entraîneraient la suppression de toutes les voies de communication existant dans les campagnes, et que « ce serait la ruine de notre agriculture (1). » Il y a là, exprimées en mots presque pathétiques, des alarmes que rien ne saurait justifier.

Les principes ci-dessus tendent simplement à faire distinguer, parmi les voies rurales, celles qui sont réellement publiques, de celles qui sont purement privées. Même, en ce qui concerne ces dernières, ils ne sauraient autoriser la suppression d'aucune d'elles, tant qu'elle sera vraiment utile ; c'est-à-dire, tant que les propriétaires des héritages distincts qui sont bordés ou traversés par cette voie, auront droit et intérêt à ce qu'elle existe. Tout le temps qu'elle sera d'une telle utilité, elle subsistera tout au moins comme chemin de *contrée* ou de *quartier*, ou *sentier d'exploitation ;* en cette qualité, elle rendra è l'agriculture tous les services que celle-ci est en droit d'en attendre. Seulement, ce sera aux particuliers qui auront la co-propriété de la voie dont s'agit, à veiller à son maintien, et, s'il y est porté atteinte, à se pourvoir en justice et à s'exposer aux chances de la contestation. C'est bien plutôt, ce semble, l'intervention de la commune, qui serait, en pareil cas, désastreuse. La voie disparue est revendiquée par les riverains comme propriété indivise entre eux : la justice leur donne gain de cause et ordonne le rétablissement du chemin. Mais qu'au contraire, les riverains restant dans l'inaction, la voie soit réclamée par la commune à titre de proprié.é publique, la demande est rejetée et le chemin demeure supprimé. Cela, d'ailleurs, n'arrive jamais sans que la commune soit condamnée à des frais considérables. Les sommes qu'elle expose alors pour se faire déclarer propriétaire de quelque sente dont la conservation importe seulement à des particuliers, n'eût-elle pu mieux les employer ? N'eût-elle pu les consacrer à l'entretien d'une voie véritablement publique qu'elle eût fait nouvellement classer parmi ses chemins vicinaux, augmentant ainsi d'une manière certaine le nombre des chemins dont la propriété ne saurait jamais lui être contestée !

(1) V. M. Flandin, *loc. cit.,* p. 302.

TABLE DES MATIÈRES.

§ **1**er.

S'il existe, soit au profit de la commune, soit au profit des riverains, une présomption de propriété sur les chemins ruraux ?

§ **2ᵉ**.

Des éléments de fait qui constituent l'affectation d'un chemin rural à l'usage du public.

§ 3ᵉ.

Des preuves à faire par le riverain et la commune à l'appui de leurs prétentions respectives, suivant qu'ils seront engagés au possessoire ou au pétitoire.

Amiens. — Imp. Émile GLORIEUX et Cᵉ, rue du Logis-du-Roi, 13.

OUVRAGES DE L'AUTEUR :

Droit rural appliqué (TRAITÉ COMPLET DE), ou guide théorique et pratique des propriétaires, fermiers, juges de paix, maires, etc. — Un vol. in-8°   *rare.*

Draineur (GUIDE LÉGAL DU), ou Commentaire de la loi du 10 juin 1854 et des textes de législation antérieure, concernant le libre écoulement des eaux provenant du drainage. — In-8° . . . . . . 1 fr. 50

Établissements industriels (LÉGISLATION APPLIQUÉE DES), notamment des usines hydrauliques ou à vapeur, des manufactures, fabriques, ateliers dangereux, incommodes et insalubres, moulins, hauts-fourneaux, établissements métallurgiques, mines, minières, carrières, etc. — 2 forts volumes in-8°. . . . . 15 fr.

Sociétés (COMMENTAIRE DE LA LOI SUR LES) des 24-29 juillet 1867, d'après les documents officiels et les discussions parlementaires, *en collaboration* avec M. A. MATHIEU, avocat à la Cour de Paris, ancien député au Corps législatif, *rapporteur de la loi ci-dessus.*— Un fort vol. in-8°.   7 fr. 50

Loi sur les Sociétés (COMMENTAIRE ABRÉGÉ DE LA) des 24-29 juillet 1867; par *les mêmes auteurs.* — In-8°. . . . . 2 fr. 50

Chez les mêmes Éditeurs :

Procédure administrative (LOIS DE LA). — 3 volumes in-8° 1871-1873 . . . . 21 fr.

Iʳᵉ PARTIE.

Instruction administrative (CODE D') ou Lois de la Procédure administrative, contenant les règles de l'instruction devant les Tribunaux administratifs, Ministres, Préfets, Conseil d'Etat, Conseils de Préfecture et en matière de conflits, d'élection, d'autorisation de plaider, de contributions directes, suivi d'un FORMULAIRE annoté de tous les actes d'instruction administrative, ouvrage faisant suite à la *Compétence administrative;* par CHAUVEAU ADOLPHE, ancien Doyen de la Faculté de droit de Toulouse, ancien Avocat à la Cour de cassation. 4ᵉ édition, par M. TAMBOUR, Secrétaire général de la Préfecture de la Seine. — 2 volumes in-8°. 1873 . . . . 16 fr.

IIᵉ PARTIE.

Conseils de Préfecture (CODE DES) ET DES CONSEILS GÉNÉRAUX DE DÉPARTEMENT; textes officiels des lois, décrets, ordonnances, arrêtés, règlements généraux, instructions, circulaires, avis interprétatifs du Conseil d'Etat, etc., divisés en six parties : 1° Organisation et *procédure générale* des conseils de préfecture, d'après la loi du 21 juin 1865 ; 2° Compétence établie par la loi du 28 pluviose an VIII : 3° Compétence dérivant de lois particulières ; 4° Procédure particulière ou *spéciale* réglée par des lois anciennes : 5° De la comptabilité des communes et établissements charitables, des écoles normales primaires et associations syndicales : 6° APPENDICE renfermant la loi organique du Conseil général et la législation dernière sur les Conseils municipaux ; par M. ORILLARD, Avocat à la Cour d'appel de Poitiers, Vice-Président du Conseil de préfecture de la Vienne. Édition nouvelle mise au courant de la législation. 1 vol in-8°. 1871 . . . . 8 fr, 50

9 782329 681825